"十二五"国家重点图书出版规划

龙泉窑

中国古代名窑系列丛书

任世龙　汤苏婴／著

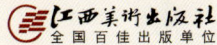

引言

我国陶瓷历史悠久，古陶瓷深受世人青睐，国内外倾其毕生精力搜集、珍藏、探索和潜心研究者不乏其人。近几十年来，随着国家对文物研究和保护力度的加强，有关部门对一些历史名窑相继进行了一定程度的发掘与整理，所掘精品迭出不穷，弥补了古陶瓷鉴赏中历史资料之不足。一些古陶瓷研究与鉴赏中的难题，也随着第一手资料的获得，迎刃而解。不少文物专家、学者，穷其一生着力于一个窑口的探索与研究，也取得了令人瞩目之成果。

江西美术出版社从需求和可能出发，策划出版《中国古代名窑系列丛书》，以各窑系、窑口古瓷的鉴赏命题，约请各方专家著述，这对于系统介绍唐宋以来各名窑名瓷详情、弘扬传统文化，实为可贵。每部书稿资料翔实，论述周详，剖析精微，相形于时下众多泛泛而论的鉴赏之作，实为述而有纲，言而有物。垂注于古陶瓷的鉴赏者如能从一个窑系、窑口的研究出发，触类旁通，这也是古陶瓷鉴赏的一条门径。

《中国古代名窑系列丛书》补史料之缺，应大众之需。编撰者已经辛劳数年，今观新篇，欣慰之至，志此数言，是为序。

耿宝昌
于北京

目录

第一章 序论/1
（一）龙泉窑的地埋位置和历史沿革/2
（二）龙泉窑的考古历程简述/3

第二章 作坊遗迹与制瓷工艺/5

第三章 龙泉青瓷的类型与分期/11
（一）薄釉刻花青瓷是龙泉窑制品的传统特色和发展主流/12
（二）龙泉窑青瓷中黑胎和白胎两种厚釉制品的若干问题讨论/15
（三）龙泉窑青瓷的发展序列与阶段划分/17

第四章 历代龙泉青瓷的鉴定与鉴赏/21
（一）纤细规正 越瓷流风/22
（二）双面刻画 南北兼容/25
（三）厚胎薄釉 自成体系/30
（四）薄胎厚釉 官民互动/34

（五）蒙元朱明　民窑巨擘/51

（六）化治以后　质粗色恶/64

（七）清瓷迷宗　龙泉式微/71

第五章　龙泉窑遗存的地域类型/73

第六章　龙泉青瓷的内销和外销/77

（一）龙泉青瓷的内销/78

（二）文献的记载和龙泉窑产品外销的地点/80

（三）龙泉窑产品外销的特点/81

第七章　龙泉窑产品的仿烧和辨伪/83

（一）年代判断/86

（二）器型辨伪/86

（三）胎釉/86

（四）纹饰辨伪/87

（五）制瓷工艺/87

第八章　名品鉴赏/91

第一章 序论

龙泉窑是中国陶瓷史上最后形成的，也是文化内涵庞杂而生产规模最为壮观的一个青瓷系统。它是大江南北两大窑区瓷业文化交流和融合的典范。也是宋代"官窑"和"民窑"两大不同瓷业文化层次既相关联又相互激荡的结果，乃至可以视为中国历代青瓷工艺发展的历史总成。

一、龙泉窑的地埋位置和历史沿革

龙泉窑主体遗存和瓷业生产中心集中分布在龙泉县。南宋人叶寘在《坦斋笔衡》中记载："江南则处州龙泉县窑，质颇粗厚"。龙泉县位于浙江南部山区，境内地势高峻，崇山峻岭，崎岖不平。北邻遂昌县，东交云和县，南接庆元县，西界福建省蒲城县，地方偏僻，交通不便，开发较迟。据方志记载，在历史上这里本系括苍黄鹤镇，其地有剑池湖，又名龙渊。至晋代始设龙渊乡。唐避高祖讳改曰龙泉。唐乾元二年（759）越州刺史独孤屿请以括苍龙泉乡置龙泉县，始设县治。宋宣和四年（1122）诏天下县镇，凡有龙字者皆避，因改剑川，南宋绍兴元年（1131）复为龙泉县，管龙泉、剑川、西宁、延庆、松源五乡。元以处州路为总管府属浙东道。明初改处州府为安南府寻曰处州府。洪武三年（1370）省庆元县，设庆元巡检司，十三年（1380）复置庆元县，隶浙江布政司，仍属浙东道。现属丽水地区。

浙南中山区海拔多在500米以上，一般都有2—3级梯状平台，平台上缓坡起伏，是山区耕地分布较集中的地段。山地多由岩性坚硬的火山岩组成，节理发育，河流侵蚀后常成狭谷深沟，悬崖峭壁。峰峦起伏，基岩裸露，是浙江森林分布的主要地区。

瓯江为浙江第二大河，民谚云"龙泉吐珠施丽水，缙云化雨润青田"，此乃对瓯江流域的简洁叙述。其实瓯江源于庆元县百山祖西北麓，流经龙泉、云和、丽水、青田、温州、永嘉等县市，入温州湾。瓯江于丽水大港头以上为上游，河谷两岸奇峰屹立，悬崖峭壁连绵，多"V"形谷地，河床多巨大块石，水流湍急，险滩瀑布屡见不鲜。位处瓯江上游的龙泉县境蕴藏着极其丰富的瓷石矿源和森林资源，因而有十分良好的瓷业生产条件，但由于交通不便和水运困难，极大地推迟了瓷业开发的历史年代。

龙泉窑自宋代创烧以来，历经元明至清代，制瓷历史长达800余年。庆元、龙泉、云和、丽水四县境内窑场遍布，遂昌、武义、缙云、泰顺、文成、永嘉等地也曾纷纷设窑烧制。从瓯江上游直到它的入海口形成了一条堪称"民窑之巨擘"绵延不绝的瓷业生产带，已发现不同时期的瓷窑址不下500处。

关于龙泉窑的开创年代，古陶瓷界一向认为在北宋初期，似未曾发生过太大的认识歧异。近年来有的学者提出："从70年代以来，陆续发现一批三国晋代古墓，墓内出土的瓷器与越窑、婺州窑的瓷器有些差别，具有自己的特色，应该是龙泉早期的产品。"主张"龙泉窑开创于三国西晋，结束于清代，生产瓷器的历史长达1600年，是中国制瓷史最长的一个瓷窑"。本书认为对于当地制瓷业历史渊源的追溯探讨和历史上龙泉窑的命名是不同的两个概念。况且所称之三国西晋古墓青瓷器物均不在龙泉县境，即便所论之出土瓷器具有自身特色，但迄今未曾发现其烧造的遗存地点，据此不足以推定为"龙泉窑早期产品"，因而难以作为龙泉窑开创于三国西晋的考古依据。

台湾学者蔡和璧在新作《由文献资料看龙泉窑》中提到："由龙泉乡改龙泉县的乾元二年（795年）之资料做一个依据，可知此时龙泉人口渐增，但是生产事业也须交通来配合，由于龙泉水、陆两不便，虽有优质的瓷土蕴藏，如果没有发现，也无从制作，龙泉外围的丽水、庆元瓷窑的情况与龙泉乡改县，可以说是龙泉县瓷器烧造开始的一个讯号"。而宋人庄季裕《鸡肋编》中曾说"钱氏所贡盖取于此"，因而龙泉窑开创年代往前提到五代吴越国时期的可能性也难以否定。

至于说到龙泉窑瓷业生产的年代下限，近些年来似也有一些新资料的发现。如龙泉县孙坑窑址调查发现，使以往一度流行于古玩商界的所谓"乍浦龙泉"问题为之明晰，说明乾隆以后龙泉窑仍有烧造。但就其制品的风格特征而言，这种清代龙泉制品已与传统龙泉青瓷相去过远，有迹象表明它们可能属于江西、福建等外省迁入的瓷业遗存。如在浙江博物馆收藏的一件三足炉，形体硕大，釉色豆青，釉层透明，颈部刻有"康熙丙子秋月吉日，竹口许门吴氏谆娘，供奉仙岩寺三宝佛前香炉一完，祈保自身迪吉，寿命延长"39字。陈万里先生在《龙泉访古记》"金村竹口枫堂"一节曾有记述："到竹口区公所，晤许远图君……告诉我说他的祖先从江西迁来，在明末时候，已有两代，如此推算起来，大概在天启年间。移家来此，为的是做瓷器。""当时姓许的迁来竹口以后，买得山地极多，如在竹口北面十里之大湖山，二十余里外之小湖山，到现在还是姓许的山地……许家原藏有制造瓷器的秘本，最近已遍觅不得"。实物资料与调查记录相吻合。

二、龙泉窑的考古历程简述

晚清民国时期，由于盗掘之风盛行，大量的瓷片在市场上出售，龙泉窑引起了外界的注意。陈万里先生《龙泉青瓷的初步调查》中留下这样的一段描述：

"十七年（1928）夏，余以视察旧处属各县地方政务南行……及至龙泉，证以当地人发掘古墓时所得之器物……龙虎瓶也，五咀瓶也，向不为瓷学家所称述，然而价值奇昂，往往流诸外洋，为彼邦博物馆所罗致，国人则欲求一见其器物且不易，遑云研究。此外青瓷之出土者，什九为商人所得，转而贩往沪上，以善价而售诸外人，最近旧瓷片之成箱装运外邦者尤多"。"而运会所至乃有今日之发现。顾出土器物虽丰富，国人茫然视之，竟不以为宝也！"

陈万里侨寓浙江十年，八次龙泉，十次绍兴之行，对窑基地址及蕴藏显露之材料搜寻而采集之，整理研究之。对"自来文献所不载或缺略而不详者，予以充分之勘误，证明及记录"，"依各该地搜集以供比较研究之材料；分别陈列，为从来收罗青瓷未有之大观；预备将来整理之结果编专集，为研究青瓷唯一的参考"，并设想其工作顺序为"调查（窑基之地点、区域）；搜集（散布地面上及发掘后之整件、碎片，并其他附属器物）；收买（必要时收买已出土之器物）；发掘（窑基及必要时古墓）；摄影，记录（日记），报告"。如果有必要对中国古陶瓷研究的历史作分期之尝试，则以陈万里和周仁两位先辈为代表，冲出书斋，走向田野，并把碎片的实地调查、采集、整理、研究与现代科学技术的理化测试分析相结合，可谓具有划时代意义之创举，应视为中国古陶瓷研究从"完器鉴赏"而转向"瓷片研究"之标志。经亲自的实地经验，"于以知古籍记载之仅凭传闻，辗转抄录者，苟欲加以证验，非实际调查不为功"。若就古陶瓷研究领域而言，这正是那个时代集结在"五四"运动的"民主"和"科学"两面大旗下，冲动民族情绪与时代倡导的科学、科学方法和理性的吻合，也可以认作是在西方近代考古学东渐影响下，传统古陶瓷研究领域内所产生的某种内在需求的反映。

任何一门新科学的产生，如同历史上一切学说的形成一样，新学科作为完整的理论体系，也有其酝酿、发展的过程。这不仅是因为一门新科学的诞生，不能离开自身特定的社会、文化背景和现实需要，就其思想体系来说，也有一个从幼稚到成熟、从朦胧到清晰、从感性到理性、从片面到全面的历程。如果说新中国成立以前这种以"十年之独力积聚"从事此项开创工作，仅仅是有识之士个人的一种尝试，那么新中国成立以后则迅即转变为政府部门之有组织进行的一项事业。1956年发掘杭州郊坛下官窑窑址。1957年则有从龙泉大窑到高祭头路段以及溪口和庆元县境内窑址的系统调查；1958年初夏的龙泉东区及云和县紧水滩坝址以上地段（紧水滩水电站规划淹没区）的实地调查；1959年瓯江水库文物工作组的考古调查，发现丽水宝定和吕步坑两处窑址，又发现了石牛、郎奇和规溪等多处古窑址，还在碧湖何氏家族的祖孙二座墓葬清理中，发现了南宋两种不同风格龙泉窑青瓷的纪年瓷料；1960年为配合浙江省龙泉青瓷恢复委员会工作而发掘了龙泉金村和大窑二处窑址，展开对大窑和金村两地窑址的复查。这些工作可以视为对第一阶段开创的瓷窑遗址实地调查和发掘思想的具体实践，使龙泉窑的研究正式地迈进到瓷业考古新阶段。

正当龙泉窑考古工作频繁开展并取得许多突破性进展的时候，"史无前例"的政治运动打断了龙泉窑考古进程，而且一断就是十年。1974年春，因紧水滩电站工程准备重新启动，又有是年4月至6月的库区范围窑址的第二次调查活动，然而龙泉窑考古活动并未就此得到延续。到1978年以后，由于紧水滩工程的第三次上马，在国家文物局的直接关注下，由中国社科院考古研究所、中国历史博物馆、北京故宫博物院、上海博物馆、浙江省博物馆等诸学术单位的考古工作者联合组建而成的紧水滩工程考古队，采取各参加单位分组作业又相互协同作战的方式展开龙泉窑考古发掘活动，后来南京博物院也曾加盟云和梓坊窑址的发掘，而浙江省博物馆发掘组的工作则由新建置的浙江省文物考古研究所接替。1981年底考古学会第三次年会（杭州召开），把"青瓷和青瓷窑址"破天荒地列为大会的两大主题之一，副理事长苏秉琦先生在闭幕式讲话中明确提出，此次大规模的龙泉青瓷窑址发掘活动，"是中国考古学一个新兴学科分支——陶瓷窑考古大规模崛起的标志"，同时"也是一个良好的开始"！

龙泉窑考古历程三个阶段的历史进程，因其特征差别的鲜明而被明确区分成两个大的历史期别，并且把陈万里先生开创的以"窑基"和"碎片"为研究瓷料与唯一标准的学术活动，归属于中国考古学分支学科的瓷业考古范畴。《瓷器与浙江》，使陈万里成为浙江青瓷研究的拓荒者，这也是中国古陶瓷研究历史给予陈万里的历史定格，"瓷器—浙江—陈万里"，已然是三位一体的历史熔铸！

第二章 作坊遗迹与制瓷工艺

历代有关龙泉宣青瓷的文献记载中，明代陆容所著《菽园杂记》是最为详细而有价值的文献资料。该书云："青瓷，初出刘田，去县六十里，次则有金村窑，与刘田相去五里余，外则白雁、梧桐、安仁、安福、绿绕等处皆有之。然泥油精细，模范端巧，俱不如刘田。泥则取于窑之近地，其他处皆不及。油则取诸山中，蓄木叶烧炼成灰，并白石未澄取细者，合而为油。大率取泥贵细，合油贵精。匠作先以钧运成器，或模范作形，俟泥乾则蘸油涂饰，用泥筒盛之，置诸窑内，端正排定，以柴筱日夜烧变，候火色红焰，无烟，即以泥封闭火门，火氧绝而后启。凡绿黄色莹净无瑕者为上，生菜色者次之。然上等价高，皆转货他处，县官未尝也。"应该说是作者亲闻目睹之纪实，是明代龙泉窑瓷业生产状况以及窑场分布、生产工艺技术、烧变过程乃至产品评价与销售情形的生动反映。但上世纪90年代以来，一些学者纷纷指出"此条与五金采铜等条引于县志"，而明代最早的县志是嘉靖年间邑人叶溥李溥所辑，当时陆容已经去世，因而推定他所引用的应是宋代方志——宋嘉定二年邑人何澹所著之龙泉县志。

倘若从历次考古调查与发掘资料审视，在龙泉县之梧桐、绿绕等处迄未发现宋代窑业遗存，在宋代龙泉青瓷器物中似也未曾见到"模范作形"之成形工艺迹象，"绿黄色莹净无瑕者为上，生菜色者次之"的评价，似乎也并不适用宋代龙泉青瓷的高档制品，而与明代龙泉窑的各方面情况显得十分贴切。

龙泉窑遗址的考古调查始于上世纪30年代，其学术成果形成《瓷器与浙江》一书中的核心部分。自上世纪50年代中期开始，浙江省文物考古部门则对龙泉大窑、金村、溪口以及龙泉东区到云和县赤石镇龙泉大溪沿岸地域曾开展反复调查，迄今为止先后还对大窑、金村、安仁、安福、上严儿、大白岸、山头窑、源口、项户、张畈及云和县的梓坊、水碓坑、赤石等地的窑址进行了考古发掘，获取龙窑、作坊、住房等大批遗迹及制瓷工具、烧成窑具和瓷器制品等大量遗物资料，为龙泉窑的考古学研究和龙泉青瓷的鉴定鉴赏，提供了空前丰富多样、生动翔实的科学依据（图1）。

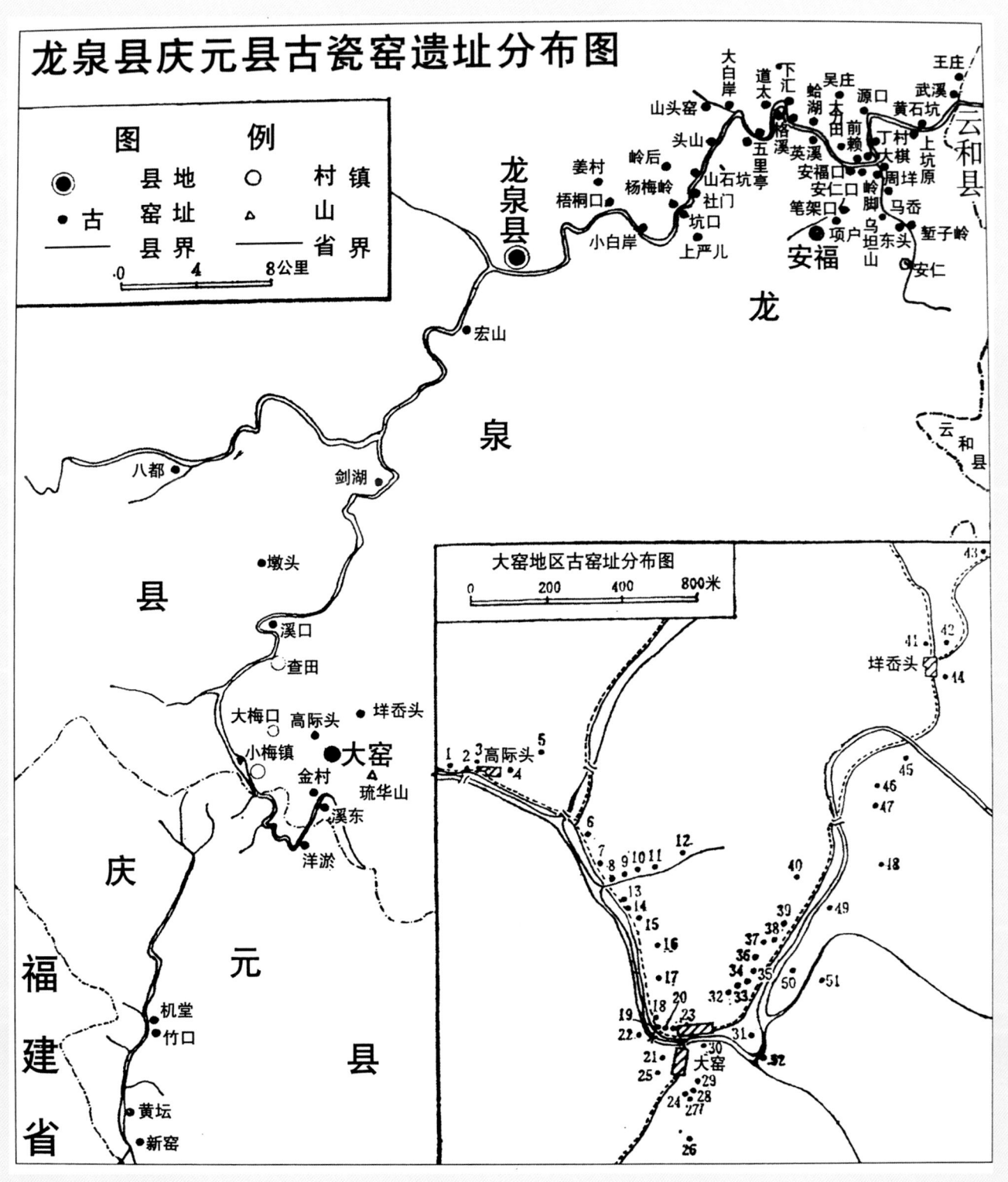

图1. 龙泉窑遗址分布图

瓷业遗存是我国古代手工制瓷业的垃圾堆积。我国江南地区普遍流行长条形的龙窑，这种窑体狭长，前后明显倾斜，窑床处在地面以下的半穴式建筑，直接利用其倾斜的窑腔窑间所形成的抽力来促进火焰流动，故其建筑多依山傍水。在江河溪流两侧的山谷地带，常常是古代瓷窑遗址密集分布地区，在低岗、小丘、缓坡，但凡发现顺坡的长条形凹沟并傍有明显堆积隆起的地貌特征，往往即是龙窑形窑遗迹所在之处。这种平焰式窑炉，其窑尾一般不需另筑烟囱，龙窑结构简单，建窑成本低廉，燃烧速度快，便于升温，也可快速冷却，非常适合浙江地区的青瓷制品烧成。窑炉的内部结构可以分作火膛、窑室、烟室三大部分，外部结构则有窑头前工作面与挡风墙，窑门外的通道和护窑墙，有的还可能在窑顶上加筑窑棚。

火膛 也可称燃烧室，是龙窑前端点火烧造部位。正中设有进柴口和送风口，火膛平面呈半圆形，底面比窑床口低约30cm左右，一般呈现稍稍向前倾斜。用砖块侧砌成自前向后放射状的炉栅，在两侧弧形墙脚砌排匣钵圈扣覆而成的通风道，在炉栅的通风道上仰置中心穿孔的匣钵底，此即当是透风漏灰的眼（图2）。火膛顶部用砖砌筑成覆扣着的蛋形穹顶。据中国社科院考古研究所李德金先生的资料排比结论，自宋代至明代的龙泉窑火膛内部结构无明显差异，但火膛面积有显著变化：宋代火膛后壁宽1.5~1.85米、元代火膛后壁宽1.1~1.6米、明代火膛后壁宽1.1~1.2米，火膛的半径约为后壁宽度之半。火膛面积越到晚期越小，说明烧窑技术的进步，也反映出建窑技术的改进。宋元时期火膛前多用石块建外八字形分墙，至明代则样式较多，有的用石砌成椭圆形工作面，有的用匣钵垒砌操作台，元代以后常在送风口外加建与之相连的灰沟。

窑室 也可称装烧间，由窑顶、窑墙、窑床和窑门及投柴孔等组成。窑顶用楔形砖砌成拱券顶与窑墙两侧间设有投柴孔，窑墙用土坯砖或匣钵错缝平砌，匣钵内填黄色黏土，在窑墙内侧缝隙处用黏土抹平，经高温煅烧形成非常坚硬的烧结面。窑门一般设在窑室的一侧，另一侧一般不设或极少设窑门。开设窑门的一侧与作坊相联接，同时也是废品抛积的去处。窑床即窑室的底部，实即一个狭长的倾斜坡，砂面上平铺级梯式垫底匣钵，形成台阶形态，装置坯件的匣钵摞成垂直的圆柱体，匣钵柱间的缝道即成为龙窑内火焰流通的"火路"。

宋代窑炉的烧成室比较长，一般均在50米以上，同前发现最长的达80米以上，坡度一般在11°~16°之间，个别的也有达20°。也发现宋代龙窑

图2.龙泉窑火膛（俯视）

图3.龙泉窑窑尾后墙

有顺坡成弧曲砌建的,甚至有在窑室内加砌台阶及隔墙的,借以减缓火焰流速。元代龙窑则明显缩短,坡度也大大减缓,故而再也不见窑室曲折成弧湾的现象。明代仍为长条形斜坡龙窑,但在大窑则发现有阶级窑建筑,窑底呈现阶梯形,每一阶为一间,已与龙泉现代龙窑结构相近。

出烟室 设于窑炉之尾端,在窑室与出烟室之间筑有一堵隔墙(图3),隔墙上端与窑室密封,在下端留有一排烟火孔,废烟倒经烟火孔排入出烟室。宋代龙窑的出烟室后壁多直接利用山坡断崖岩壁,或加砌匣钵成墙,与窑室两侧墙的延伸线构成扁宽的长方形空间。元代的龙窑出烟室结构并无太多变化,但是在人工砌筑的扁宽形空间上端增加了排放窑烟的可控设备,即在出烟室后墙与隔墙间加砌五六个圆形出烟口——去底的匣钵圈,匣钵底可揭去可覆盖,成为调节火焰流速和排烟量的可控设备。

瓷窑遗址与制瓷作坊是两个不同的概念。考古学所称的瓷窑遗址应是指某一瓷业生产的遗存地点,而通常意义上的制瓷作坊,应当是属于某一历史时间所出现、存在过的瓷业生产组织形态。具体地说,考古学上的某一处瓷窑遗址的遗存堆积,可能是某一制瓷作坊遗存,也往往可能是若干个不同历史时期的制瓷作坊遗存堆的叠压层位形态。因此,对某一制瓷作坊的总体认识,应当从古代手工制瓷工场作坊结构的不同层次出发,即首先是对每一单体建筑结构遗迹及其内部堆积层位进行分析,确定各遗迹废弃时的实物遗存,判明各遗迹单位的相对年代;其次是把握窑址发掘中的关键地段,正确统一划分窑场堆积的层位,对同一堆积层位诸遗迹关系进行横向分析,进而确立同一时期共存的遗迹组合形式;最后是对不同遗迹组合形成相互排比,找出确属同一时间的若干遗址组合形式的内在联系,具体地确认为一处窑场作坊真实存在过的历史规模和作坊布局。比如我们在龙泉东区的考古发掘中,曾多次地在同一遗址范围内提示出多座不同时期的窑炉遗迹,经遗迹关系的分析比较,未曾发现一例属两座窑炉同时共处并用的个案。如是,某一龙窑窑炉的坯件每一次装烧量即应该是一处制瓷作坊瓷器单产量的参照数。又比如成型工具辘轳遗留地表的轴洞(或称轮基坑),鉴于"成型"和"修坯"(装饰)不同功用,尤其是木质车轴易朽而需移位另埋,往往形成遗留的轴调数量超出实际存在的轮机数,因而不宜采取简单相加的轴洞数之和,视作该作坊成型能力的考古学依据,而应对同一层面遗留的轴洞进行关系分析,并要与成型间的合理存在可能性相符合。再比如胎釉原料制备工序中必备的淘洗池，其组合形式也具体地存在"同一平面"规则排列和"不同平面"分级组合之别。

正确理解窑址的遗迹、遗物关系并复原其历史的真实面貌，是瓷窑址考古发掘的出发点和归宿，"各种经济时代的区别，不在于生产什么，而在于怎样生产，用什么劳动资料生产"。立足于瓷窑遗址的整体揭露，用考古学方法去获取"劳动资料的遗骸"，以判断已经消亡的社会经济形态，这不仅是瓷窑址考古区别于传统古陶瓷研究的根本性特征，也是我们今天进行古瓷鉴定与鉴赏的一个不可或缺的基础前提。

龙泉窑的瓷器制作工艺技术，就其工艺操作流程而言，与其他任何一个瓷业文化系统一样，都应包括胎釉原料的采掘制备，器物的制作成型，坯体的修理与器表装饰，胎表施釉、晾坯或烘烤、素烧、装坯入窑烧成。北宋龙泉窑因未揭示出粉碎瓷土的工序遗迹，是否已经采用水碓难以确认。有人推测南宋当已利用水碓加工瓷土原料。上世纪80年代龙泉东区及此前的大窑窑址发掘中，均大批地揭示出成组的淘洗池遗迹。宋代的淘洗池用石块或匣钵砌建成长方形结构，池底或直接利用生土岩石，或铺以匣钵底；元代淘洗池普遍为袋状的圆池，但在龙泉县源口一处元代窑址发掘中，则揭示出长方形池与袋形坑圆池共处并存的现象。此外，也有一些被判定为炼泥池、干燥池或储泥池等的遗迹现象。值得一提的是成型工具——陶钧或曰辘轳，由于此前成型工具均系易朽的木质材料制作，故而在考古现象所见者只是陶钧遗留地面以下的圆形基地。"匠作先以钧运成器"已由考古发掘确切证明，但"模范作形"惜未得到考古发掘的印证，想必是模具过于珍贵而极少遗弃？！"然泥油精细、模范端巧、俱不如刘田"一语，集中概括了龙泉窑自始至终的布局特征。也就是说龙泉大窑一带始终是龙泉窑址的中心产地。

在龙泉窑考古发掘中，最为特殊的一种制瓷工艺遗迹是被命名为"素烧炉"的设施。这种素烧炉，属于龙泉窑烧制薄胎厚釉类型青瓷的中间工艺工序遗迹。20世纪年代开始的龙泉窑青瓷工艺研究，就曾明确指出龙泉窑厚釉制品在入窑正烧以前，曾经存在"素烧——施釉——素烧"的中间工序，即多次素烧、施釉。但是，在考古发掘中迟未揭出此类工艺设施遗迹。在丽水保定窑址发掘中，发掘者曾观察到经过低温焙烤的素烧坯，因而明确肯定素烧工序应确实存在。1982~1983年的龙泉县源口乡林场元代窑址发掘，则分别在二、三、四、六作坊区内揭示出一座素烧炉遗迹。四座素烧炉的形制结构均较一致，可以说是龙泉窑长条形段斜龙窑的微缩。它们的结构可以明确地区分为火膛、炉室和出烟口三大部分。现举一例描述如下：

该素烧炉位于第三作坊区的东南角，在砌炉之前，也曾预先建造一个具有前低后高的炉基，较三区作坊遗存地面高了20厘米以上。清理时发现拱顶已完全倒塌，用长10厘米、厚3.5厘米、宽7.5~9厘米的楔形砖错缝侧砌，缝隙之间涂填黏土。炉的底面用块状土块铺成，上面再铺一层约2~3厘米厚的砂泥，两侧墙先平砌二层匣钵，其上部再用与拱顶砖规格相近的砖块平砌。头部没有火膛，火膛后壁宽140厘米，火膛长70厘米，火膛底较后壁低25厘米，并在火膛两侧铺有弧曲形的通风道，通风道也是用截断的匣钵圈扣覆而成。尾端设有排烟柱五个，柱子高29厘米，排烟室后壁直接近用岩壁断面，在岩壁面与尾墙间嵌六个直径为22厘米的匣钵圈。该素烧炉总长为474厘米，前段宽138厘米，中段宽164厘米，后段宽156厘米。在素烧炉与作坊遗迹相联系的一侧，即素烧炉北侧中部设有装坯和出坯的进出口，口宽为48厘米，两侧门柱残高分别为21~22厘米。

由以上的素烧炉形制结构推断，低温素烧的操作方式应十分类似龙窑，只是炉内温度一般不得高于800℃，而且坯件的放置应是直接叠摞在炉室底部排列整齐的残砖上。

厚釉素烧工艺并非龙泉窑制瓷工艺自身的传统特色，推测是南宋中期约13世纪初从南宋郊坛下官窑引进的一项技术，应首先在龙泉大窑一带的某些窑场中得到运用，惜因南宋龙泉窑发掘工作尚进行不多，至今未能获得直接的考古学依据。上世纪80年代的龙泉东区窑址发掘，首次发现了这种低温烘烤坯体的素烧炉遗迹，从形制结构而言颇似龙窑，与杭州老虎洞窑址所见的同类遗迹相雷同，而杭州乌龟山郊坛下官窑发掘所见，其属于素烧炉的设施已被严重破坏。

第三章 龙泉青瓷的类型与分期

回顾我国龙泉窑青瓷的研究历史，虽然不乏文献记载，但系统地记载龙泉窑情况的却很不够，不少明清古籍的叙述陈陈相因，辗转抄袭，内容贫乏而语多含混，甚至前后矛盾。新中国成立以前，虽经人们多次的实地调查，并从各种图录编印出来的实物照片研究中，对于龙泉窑的历史比以前清楚了许多，但未能从考古发掘的角度进一步展开科学研究，遗留下一些错误的观点，历来古陶瓷鉴赏家和龙泉青瓷爱好者，也都习惯地把目光集注于琉华山下古琉田而绝少顾及旁的地区。新中国成立以后，浙江省文物考古部门曾进行了多年的反复调查，尤其是1959~1960年，分别对丽水吕步坑、宝定和龙泉窑大窑、金村等窑址的考古发掘，并依据金村、大窑两地发现的堆积层位关系资料，把宋代龙泉窑青瓷器物明确地划分出早中晚三个时期，从而初步地确立起龙泉青瓷发展序列，纠正了以往认为龙泉窑厚胎薄釉刻花青瓷晚于素面厚釉制品的谬误，把龙泉窑的研究工作向前推进了一大步。紧水滩工程考古队对龙泉东区进行的考古调查和大规模发掘，揭示了大批窑场遗址（图4），获得了异常丰富的遗物标本、大量的堆积层位器物资料和作坊遗存遗迹现象。本章试就龙泉窑青瓷的产品类型、发展序列、考古年代和历史分期诸问题，作些简要介绍和论述，为龙泉窑瓷器的鉴定与鉴赏提供一些基础的认识和鉴别依据。

一、薄釉刻花青瓷是龙泉窑制品的传统特色和发展主流

据1960年大窑和金村窑址发掘资料，宋代早期的出土遗物制作比较工整而胎塑厚薄均匀，底部旋修光滑，圈足高而规正，釉层薄且透明度很高，普遍呈现青中泛黄的色调。碗、盘类器壁内外常常施以繁缛的刻划花草并间以篦状器刻划而成的点线或弧线纹。器形以碗、盘、壶类多见，还有盆、钵、罐等类器皿。1980年复查金村窑址时，在一处村民建房取土时形成的堆积断面中观察到明晰的五叠

图4.龙泉窑源口窑址——作坊区全景

层位关系。按分层采集的实物标本排列，最底层遗物是比较单一的白胎薄釉制品，造型规整端巧，制作相当精细，胎骨坚薄匀称，器表遍饰刻、划花纹，罩以淡青色的薄釉，器底大多满釉，采用泥点加垫圈支烧。器类品种多样，尤以各式碗类器皿为大宗，盘、壶、瓶、罐均有发现。以往在龙泉境内也曾零星地出土过具有相似特征的器物，但因与龙泉早期青瓷面貌相去较远，未能确认是否为当地烧造。比如龙泉查田等地的古墓中曾陆续发现过五管瓶和带盖长颈瓶，在云和县古墓中出土过一件盖瓶，直口细颈、平肩修腹，圈足外撇，盖顶隆起，刻六瓣双线覆莲，盖缘下有与瓶颈等高的细筒形子口，肩的两侧有纤细划纹鹦鹉一对，肩腹之间有一道弦，腹部刻以七层双线仰莲，上四层莲瓣内还刻出辐射状的茎脉。上海博物馆收藏的一件刻花莲瓣纹瓶，釉色青中闪黄，底足外撇，腹部刻重层双线仰莲，其装饰特征与金村窑址发现的白胎淡青釉产品相似，但瓶底刻有"太平戊寅"4字（参见《上海博物馆藏瓷选集》图二八北宋越窑刻花莲瓣瓶）。太平戊寅乃北宋太平兴国三年（978），是年吴越国钱弘俶纳土降宋，赵氏政权最终完成中国之统一事业。越瓷中"太平戊寅"刻款屡有发现，而龙泉青瓷中迄未发现一例。但在上海博物馆展室中将该件青瓷瓶的窑口由原定的北宋越窑改为"龙泉窑"。在日本人小山富士编著的《陶瓷全集》卷十"唐宋青瓷"中被定为越窑产品的"长命大吉元丰三年"铭多角瓶和"天下太平元丰三年"铭长

颈瓶，实乃北宋晚期龙泉窑异常珍贵的纪年资料。由此可见，以往认定的龙泉窑宋代早期产品应当区别出两个不同阶段的二类器物，它们在胎质、釉色及造型风格上既相区别似又存在着某种内在联系，但在装烧工艺技术方面截然有别；堆积层位关系上，以繁缛的双面刻花装饰和泥饼填烧为特征的遗存直接叠压在白胎淡青釉堆积层位之上。考古学研究上，把白胎、淡青色薄釉，施以纤细划花，采用瓷质垫圈支烧的制品推定为宋初或更早一点；而双面刻花青瓷制品，其出现年代大致在治平（1064~1067）以后的一段历史时期，有可能延续到两宋之交。

以往认定的宋代中期的龙泉窑青瓷，从窑址调查、发掘资料看，已具有比较一致的普遍风格特征：胎体明显增厚，胎色普遍发灰乃至深灰，圈足矮宽而挖足极浅，施釉较薄且多泛灰或闪黄，大多呈现青灰色调，釉面具有一定的玻质感，制作则反而不如前期规则工整，轻巧不足，凝重有余。产品种类颇显单调，一般窑场似均以各式碗类器皿为大宗，盘类次之，少见其他器类形制。依据龙泉县山头窑的堆积层位关系，可以把以前所划的宋代中期青瓷区分为三个小的阶段：

山头窑一期 以翻沿平底碗为典型器。这种翻沿、深腹、平底、撇足形式是当时的流行碗式。稍显外敞而弧斜的器壁，外表刻斜直而略显弧曲的线条，很像是一柄打开着的折扇，内壁纹饰相当繁密，主体纹样往往是单朵的荷花，花蕾特别的饱满，如同含苞待绽的棉桃模样；而两张分开的荷叶与花朵构成三角形布局，向着同一方向倾斜，微微卷曲着的形态，宛如刚刚露出水面的嫩荷；花、叶之间衬以疏密均匀而起伏流动的篦纹；内底往往刻有相似而被简化的一张荷叶图案。整个画面油然似一泓清水，微波荡漾，水面上点缀着出水芙蓉，意境清新，美不胜收。

山头窑二期 以内圜底单面内里刻花碗为典型器。此种碗式在上一期堆积中已开始出现，其制作规格与上述碗式相仿佛，唯其口沿不再外翻，内底微圜凹，底心往往饰一小圈，而腹壁与内底间无明确之界线可寻。上期盛行的外壁斜直线条已不复出现，而内壁的装饰纹样则得到了继承，但一种新的装饰纹样更为盛行，可以看作折枝荷花的天地：向下舒展的圆荷，衬着昂首怒放的荷花，长长的茎秆把花、叶高高地托出水面，格局上也有一定的变化，或是花、叶两两相配作对称分布；或是三枝荷花，也有作三张荷叶。还有二张荷叶一枝荷花，也有二枝对穿而盛开的荷花。装饰技法上则表现为刀刻与线划的兼施并用，线条娴熟流畅，刀法简洁生动，荷莲形态肖逼，生机蓬勃而意趣盎然，让人仿佛置身于姹紫嫣红的荷花丛中。

山头窑三期 以坦口内平底刻花碗为典型器。这种碗体型大小不一，似为规格不同的成套制品。比较常见的一种体稍小，它在造型上最大的特征，是上壁稍显坦张而器身略觉肥矮，下腹内收线十分急剧，与圈足外壁交角近似直角，内底面向上平鼓，

圈足宽矮，挖足极浅，器底特厚。它在第二期开始出现，形制上与翻沿平底碗有一定的联系，而内底的装饰花纹则完全沿着内圜底碗，只是构图草率，刀笔省俭，相形见绌，已失去了迷人魅力。

上述三个小阶段的划分和先后顺序的排列又在随后的大白岸24号窑址发掘中被多次印证。尤其值得指出的是，在该窑址发掘编号为"龙BY24T2(六)"探沟堆积层位中，出土一件刻有"淳熙"字样的瓶颈残片，该堆积层遗物面貌特征与山头窑三期相一致。以往把这类刻划花制品都认定为北宋龙泉窑器物，现在则可以明确鉴别为南宋中期偏早，而山头窑二期所出的"葵口出筋"碗则与新昌县"故宋绍兴己卯"铭文砖室墓中所出的龙泉青瓷碗相雷同，可以推定为绍兴二十九年（1159）以前的制品。如是山头窑一期遗存当属南宋初期。

宋代后期龙泉青瓷，在一段时间内延续着南宋中期"淳熙"层为代表的风格特征。经仔细审视比较，发现后期刻花碗内底由下向上平鼓而渐趋向下洼平；在花纹装饰上，原先流行的水波（用篦线构成的地纹）、荷花荷叶纹已濒临绝境，折枝荷花纹也逐渐被"S"形刻线莲瓣纹所取代。后期颇为盛行并成为阶梯形特征的装饰纹样，是一种中脊挺拔的半浮雕莲瓣纹。南宋中期还残留的蕉叶纹和瓣面带篦纹花脉的莲瓣装饰，此时已扫荡一净。

在大窑、金村的南宋后期瓷业遗存中，发现一种素面而厚釉的薄胎青瓷制品。据有关材料所称，按其胎质的不同可以区分为黑胎青瓷和白胎青瓷，而且在考古工作中找不到它们在龙泉窑中的发生和发展过程，所见的都是成熟形态的高档精制青瓷。这也就是说薄胎而厚釉之青瓷可能另有其来源，不像是龙泉窑自身传统制瓷工艺技术逐步演进变化的必然结果。从上述宋代早、中、晚三个时期龙泉青瓷面貌特征的演进过程，我们可以清楚地看到厚胎薄釉刻划花青瓷是龙泉窑的传统特色和发展主流，而薄胎厚釉的素面类制品，则是到宋代后期才出现的另类青瓷，而且其烧造地区主要局限在龙泉县的南部。

二、龙泉窑青瓷中黑胎和白胎两种厚釉制品的若干问题讨论

（一）两种厚釉青瓷制品的发现情况及其烧造年代

根据有关的考古调查资料，龙泉县大窑的杉树连山、亭后山、牛头颈山以及溪口的瓦窑垟窑址诸遗存中，曾发现黑胎和白胎两种厚釉制品，它们都是混合堆积，迄未发现各自单独堆积层位。这些考古迹象表明许多文献中所说的章生一和章生二兄弟"各主一窑"的记载不足为据。

20世纪50年代以来，在浙江考古中曾陆续地发现白胎青瓷纪年资料，如"宝庆二年"（1226）盘口长颈瓶，"淳祐辛丑年"（1241）折沿洗，"咸淳乙丑年"（1265）贴花牡丹纹奁式炉、"咸淳十年"（1274）束口碗和莲瓣纹碗，"德祐元年"（1275）莲瓣纹碗和六角形双耳瓶等，都是南宋晚期的作品，唯江西南昌"嘉定二年"（1209）墓出土的被认定为龙泉窑厚釉青瓷三足炉，其烧造年代落入南宋中期。南宋开禧二年（1206）问世的《云麓漫钞》则云"今处之龙溪出者色粉青，越乃艾色……近临安亦自烧之，殊胜二处"，因而龙泉窑厚釉青瓷产生的年代当不晚于13世纪初年。这里指的是白胎型厚釉制品，目前似乎还没有明确的断代资料直接证明瓦窑垟型黑胎厚釉青瓷的年代，它们的年代可能与白胎青瓷同期，也可能晚于白胎青瓷。

（二）龙泉窑两种厚釉产品之相互关系的比较

龙泉窑黑胎青瓷与白胎青瓷各具审美价值，各有社会意义。仔细分辨它们，揭示出它们各自的美学本质，说法历来纠缠不清、混淆未别的问题，无论是对欣赏、品评和理解这些艺术精品，还是对它们自身来历的认识，以及对它们与龙泉窑制瓷传统相互关系的揭示，都应说是有意义甚至是完全必需的。我们曾在《"官"、"哥"简论》一文中，就考古学观察所得的认识作过如下的概括比较：以瓦窑垟为中心的溪口和龙泉大窑两地是龙泉窑两处各自独立存在的烧造仿官产品的窑区，瓦窑垟是以烧制黑胎仿官制品为主的典型窑场，而大窑则是一个烧制白胎仿官制品为主的中心窑场；如果瓦窑垟为薄胎、厚釉、紫口铁足、釉面开片类型，那么大窑则是厚胎、厚釉、朱砂色底足、釉面无纹路类型；大窑型的仿官制品，在大窑以外的龙

泉窑产区往往能够见到特征相似的瓷业遗存,其年代可以往后延续到几乎整个元代,而瓦窑垟典型的黑胎仿官制品则完全是另一种情形,产地仅限于本窑区,以烧造的规模、产量及影响诸方面来看均比大窑要小得多;虽然我们都把它们称为仿官作品,但在"仿"的程度上是很不相同的,瓦窑垟注重仿官之器形,大窑则着重于制品釉色之类玉质感,如果前者是仿其形,注重形似而属于"临摹"范畴,那么后者追求神似而带有一定的创造品格,所以它们在外观上呈现为两个不同的制品类型。

(三)龙泉窑黑胎青瓷与传世哥窑

黑胎青瓷的器类丰富多样,所见有碗、盘、盏、盒、壶、洗、瓶、盂、觚、五管灯或豆形灯、各式香炉等。除觚一类器物胎体较为厚重外,一般器类均系胎骨坚薄,色黑如铁,有部分烧成不佳的产品,呈现为砖红或浅黄色的疏松状态。考古工作者还发现因龙泉窑采用长条形狭体龙窑,使窑炉不同部位的窑温和烧成气氛相差悬殊,故而成品之胎质、釉色及釉面裂纹状况呈现相当复杂的现象。一般说来,凡是胎质疏松、坯体较轻的,其釉汁也都表现为混浊而不透明,釉面微泛白光,作奶黄、炒米黄或淡青灰的色调,釉面的裂纹特别细碎而密集,俗称"鱼子纹";太凡胎骨细腻坚密、胎色浅灰的,其釉色一般呈现为美丽的粉青色或匀净深碧的梅子青色,釉面裂纹稀疏或开裂成大、小相间的块状纹片,俗称"文武片";但凡胎骨坚硬而呈色深灰或色黑如墨者,其釉的呈色都比较深,有术语所称的"蟹壳青"或所谓的"鳖裙"诸色,乃至呈墨绿色者,一般少见裂纹或不开片。对于这些不同色泽的釉面裂纹,以往还曾被人们分别赋予许多动听的名称,而据我们的观察,其不同色感的裂纹乃是在堆积中长期地受到其他物质,特别是与之接触的泥土沾染的缘故,所谓的"奶黄色"或"鳝血色"等,皆非裂纹本身所具之色泽。这类制品烧制精细,采用瓷土制作的浅盘式、扁平式或半园形的各种垫饼垫烧。造型古雅庄重,具有术语所云"紫口铁足"之特征。这些特征恰好与明清一些文献所称的"哥窑"相符,宋应星也在《天工开物·陶埏》中明确指出其烧造地点在龙泉县琉华山下。

细审龙泉窑黑胎青瓷的产品类型和器物形制,它的装饰风格及胎质釉色形貌,都与南宋郊坛下官窑的制品十分相近,正如同文献所说"官窑品格大率与哥窑相似"。至于"哥窑"而传世者,至今仍然众说纷纭。社会上流存着一种釉色浅白或米黄、多断纹、厚胎丰釉的传世器物,人们通常也称为"哥窑",还有的被认定为"宋哥窑"而珍藏于我国一些著名的博物馆内。但是由于既无法确定其烧造地点,又未在宋墓中发现过它的典型器,因而对于这种传世哥窑尚待进一步地探索。

周仁先生等《关于传世"宋哥窑"烧造地点的初步研究》一文,指出传世"宋哥窑"在许多方面都和景德镇的同类作品比较接近,而和龙泉黑胎青瓷很少有共同之处,因而认定传世"宋哥窑"是宋以后景德镇所烧造的。这些仿制品在工艺上都比龙泉窑黑胎青瓷有显著提高和发展,从而更加提高了哥窑的声誉。明清两代某些书中所称的哥窑很可能就是指这种仿品而不是指正统的哥窑。但是这一论点却受到古陶瓷界颇多的质疑。直到上世纪90年代,故宫博物院的一位知情者才在一篇文章中指出,当年作为传世哥窑器的典型标本而提供测试者,并非原故宫旧藏,而是40年代从个人收藏家中购得并捐献给故宫的,由此说来,问题不在于测试的结果和就此而得出的认识,此处有必要就此附记一笔以正视听。

1979年"我国古陶瓷及窑炉学术会议"中发表的《元大都哥窑和龙泉青瓷残片的显微结构》一文,明确地写道:五种制品釉的化学组成大体上可以划分为两个大的类型,景德镇的仿哥制品、元大都的哥窑残器、传世的"宋哥窑"三者釉的化学成分互相接近,可以划分为一个大类;龙泉黑胎类与南宋官窑釉的化学成分雷同,可以划分为另一个大的类型;传世"宋哥窑"与龙泉黑胎青瓷则属两个不同的类型。

(四)龙泉窑黑胎、白胎两种厚釉制品与南宋官窑关系的探讨

白胎青瓷不事繁纹缛饰,而以造型艺术的优美和厚釉质感的类玉效果见长。从实物标本的外观鉴定与有关的理化测试数据,明确显示白胎厚釉制品的制作烧造工艺技术与龙泉窑传统工艺技术系统之间存在一系列差异:降低传统石灰釉配料中钙的含量,提高钾、钠的成分,配制成石灰-碱釉,从而提高了釉的高温黏度

而减少流釉现象，为釉层厚度的增加创造了重要条件；变传统的一次施釉烧成为多次上釉，素烧而后入窑正烧的繁复工艺工序，刻意追求"纯粹无瑕如美玉"的釉层效果；要求在坯件烧成过程中掌握"微生烧"技术，赋予制品精光内蕴的特性，同时又严格地控制还原焰的烧成气氛，成功地获取色调纯正的粉青和青绿翠碧的梅子青釉；胎泥的配制上，改变以前的一元配方为瓷石加紫金土"二元配方"，使露胎部分因铁的二次氧化作用而呈现为醒目的朱砂色底足；造型艺术上，十分讲究轮廓线的柔和、器型的典雅大方，又注意边角的修饰，增加器物的转角和棱折线条，做到曲直有致，秀丽端巧。青碧如玉的釉层与转折明快的造型，凸起的棱角、"出筋"及贴花纹装饰艺术的有机结合，使釉层显示富有深浅的层次变化，加上朱砂色底足边线的映衬，本来凝重单调的青色釉制品却因此而呈现出清新悦目、活泼明快的格调。这种龙泉窑白胎厚釉青瓷造型优美，制作精良，工序繁复，成本高昂，显然绝非一般民间用品，不仅在杭州南宋禁苑和官署废址常常可以见到它的残件碎片，我们在绍兴南宋皇陵范围内也曾采集到凸雕云龙和云凤的白胎青瓷遗物，足以说明龙泉白胎厚釉制品也曾被征作宋室御用之物，具有为皇家集团服务的历史。

至于龙泉黑胎厚釉青瓷，明代曹昭《格古要论》明确提到"官窑器，宋修内司烧者，土脉细润，色青带粉红，浓淡不一。有蟹爪纹，紫口铁足，色好者与汝窑相类。有黑土者

谓之乌泥窑，伪者皆龙泉所烧者，无纹路"。学界对"有黑土者，谓之乌泥窑"一语理解颇有歧异。我们的理解是官窑中有一类为"黑土者"，给以一个别名"谓之乌泥窑"，也就是说南宋官窑的产品可以而且应当区分出不同的产品类型，即"色好者与汝窑相类"和"谓之乌泥窑"的黑土者。特别应该提出的是"伪者皆龙泉所烧者"而"无纹路"，由此推论，在南宋后期龙泉窑的白胎厚釉与黑胎青瓷制品，都显然是受到南宋官窑直接影响的结果，它们都是龙泉窑的仿官制品。

三、龙泉窑青瓷的发展序列与阶段划分

浙江考古资料表明，历来为古处州辖属之现丽水地区，具有自己悠久的制瓷传统。1959年的吕步坑窑址发掘就曾发现过三叠层关系，当时推定其下层产品具六朝晚期的许多特征，而上层遗物和唐代越窑所出很有相似之处，近年的考古发掘资料之重新认识，认为该窑址的年代上限可能不到六朝晚期。在1957年的窑址调查中发现的庆元黄坦村窑址，其撇口、素面的玉璧底碗类器皿，大致可以确定其为唐代晚期的遗存。诚然，这些遗存的面貌特征与传统所说的龙泉青瓷尚无共同之点，因而不宜直接归属于龙泉窑系，但并不能否定龙泉青瓷的兴起，也是有着自己传统基础的。

从目前已知的龙泉青瓷说来，龙泉金村和隔溪（小梅溪）相望的庆元

上垟窑址群落遗存中发现的白胎淡青釉制品，是迄今具有明确堆积层位关系的最早的作品。它那白色或白中微微带有青灰色调的胎骨，呈色极浅的青色薄釉，自然地引起人们对它与瓯窑青瓷的联想；而它那纤细的划花、舒卷自如的花草、形象生动的蕉叶、栩栩如生的成对鹦鹉、双刻线的重层莲瓣、瓶壶类肩腹间的凸弦与腹部的双线直棱装饰手法，底足满釉而微撇外卷的作风与瓷质垫圈支烧方式，又十分酷肖北宋初期的越窑制品；带盖长颈瓶和壶类器物的造型特征以及它们堆饰于肩腹间的皱褶状的附加堆纹，又不能不说具有婺州窑的风貌神韵。然而，其五管瓶与相伴共存的带盖长颈瓶，迄未在浙江地区的其他窑系遗存发现，显然是龙泉青瓷中独具地方特征的作品。

经过一个时期的烧制实践，龙泉青瓷的产品面貌和风格特征发生了极其深刻的变化：釉的呈色明显地加深，由淡青色薄釉而变为釉层匀薄、玻质感很强的青绿釉色或青中闪黄的色调，胎的呈色虽然不如前期白净，但胎骨烧成坚硬，胎壁匀薄，花纹装饰趋向繁缛细密，特别是曲折如"之"字形的篦点纹和弧曲起伏、极具流动的细密篦纹的普遍盛行，成为该类制品的自身显著特征。刻花技术达到了一个空前的历史水平，主题花草纹饰犹如凸现器表的浮雕或凸印花纹，与衬底的篦纹宛若分处不同的平面。这类青瓷制品似主要盛产在金村一带，在大窑也仅有少量的发现。

大致是由于北宋晚期越窑制瓷业的日渐衰败凋零，更显然是由于北

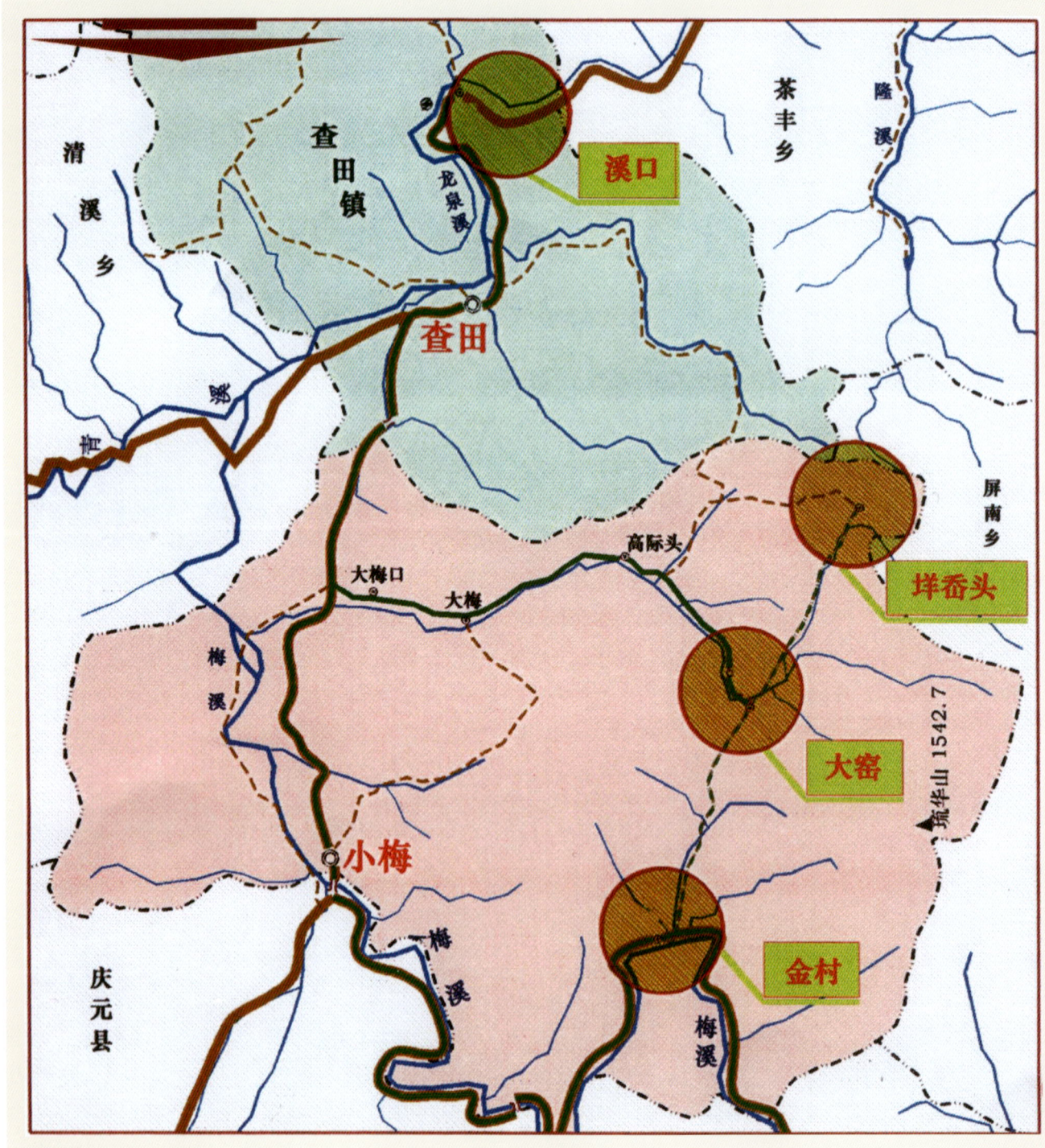

图5. 龙泉窑烧造的中心区域

宋元祐七年（1092）龙泉大溪治滩成功，与外界的交通获得最大的改善，为龙泉瓷业的兴盛开启了成功之门，到南宋前期龙泉窑业开始获得迅速的发展，不仅在它的中心产区——龙泉县大窑金村一带窑场分布密集（图5），而且沿龙泉大溪及各主要支流两侧，自梧桐口以东至毗邻的云和县赤石一带，以及丽水县境有石牛、黄山等地，都发现瓷窑遗址。窑场分布的地域开阔了，而制品面貌趋向一致，除中心窑场的大窑、金村之外，其他地区的青瓷制品普遍发灰，胎骨不够细腻，肉眼可见所含的沙粒与气孔及分层现象，坯胎明显趋厚，器型不如以前的挺秀灵巧，挖足很浅，器底很厚，给人以稚拙之感；釉层较前稍厚，呈色一般也较深，尤其胎色深灰之器物，其釉色往往于青绿之中泛现某种灰的色调，但也有部分制品的胎质比较细密白净，因而其釉色亦相应地较为青碧。花纹装饰盛行刻划兼施，构图洗练而刀法简洁，线条比较奔放，纹样题材盛行水波荷花与折枝莲花，此外图案化气味极浓的"S"形刻线构成的莲花纹，"葵口出筋"形式构成的荷花纹，均与前期装饰呈现出阶段性的特征差异。

大致到南宋中期以后，在大窑等地的部分窑场，显然是由于受到南宋官窑的殊深影响，或者是移植与引进南宋官窑制造工艺技术，开始烧制明确具有仿官性质的黑胎青瓷和白胎青瓷两种高档的厚釉制品。这种高档制品不仅被征作宫廷用瓷，其中的白胎类型似曾被远销到海外市场。厚胎薄釉刻画花制品与薄胎厚釉素面制品形成两个青瓷系列类型。除了部分窑场可能是接受"禁廷制样需索"一类性质的特定生产方式而烧制两种高品质厚釉青瓷，此时在大窑、金村、溪口乃至龙泉东区的个别窑场，似也开始竞相仿效，使龙泉青瓷由此而驰名世界，进入了它的全盛时代，成为我国南方青瓷生产新兴的中心地区，完全取代了一度誉满国内外的越窑的历史地位，被后人誉为"民窑之巨擘"。

元代蒙古族政权的建立，极大地拓展了我国海外贸易领域，不仅继承了宋代优良的制瓷工艺传统和极其雄厚的瓷业生产基础，而且由于选用了某些风化程度很好的瓷石原料，其所含的绢云母部分地"高岭化"，使制品的胎骨特征表现为"高岭—石英—绢云母"三元组成结构，从而极大地提高了胎骨烧成的坚硬程度和抗变形能力，烧制出大型青瓷器物而保持形制规整，标志着龙泉窑制瓷工艺技术的发展获得新的提高和发展，龙泉青瓷展现出十分广阔的前景，成为又一重大的历史时期。据考古发现，此时的窑场激增，松溪上游的庆元境内有竹口、新窑、枫堂等密集的窑址群落；瓯江上游的大窑、金村更是窑场遍布，烟火相望；沿大溪而下自龙泉县城以东的梧桐口，经云和至丽水而青田，直到瓯江口岸的永嘉县朱涂、蒋岙，都有元代龙泉窑青瓷窑址。

南宋后期一度存在的厚胎薄釉和薄胎厚釉"二路"并行发展现象，此时发生了交融合流情形，其制品特征普遍地表现为：坯泥的淘洗和炼制比较精细，胎骨坚硬致密，呈色较白或白中略带青灰；器壁普遍较厚，器形端庄凝重，形制器类丰富多样，釉色葱绿，釉层较厚而有一定的透影性，厚釉而具的现象明显减少；与釉层变化相应涩光的是装饰技法手段形式的丰富多样，刻、划、印、贴、堆、塑、镂、雕等多样手法兼施并用，有时往往在同一件器物上几种不同手法同时使用，露胎印花、青釉开光以及釉面施加褐色彩斑的"飞青"等等，可以说是前所未见的元代龙泉窑所特有的装饰手段，部分制品中仍然可以见到"朱砂色底足"现象。韩国新安海底打捞出土的"使司帅府公用"铭文刻花盘，我们推定为元代早期的纪年瓷器，内壁阴刻四季花卉，器心刻荷花荷叶，外壁下部刻变体莲瓣纹六片，口缘饰五线弦纹带加刻等距分布的若干组三短直斜线纹，极具时代特征，且与景德镇元青花装饰纹样相雷同，而与南宋晚期的作风截然有别。以泰定四年（1327）刻铭大花瓶为典型的一类制品，似乎比较流行一种全器装饰作三段式的格局：颈部或稍上的一段饰以瓦楞状弦纹，中腹部阴刻各种花卉纹样。从南京市郊洪武二十一年、永乐五年、永乐十六年、弘治十二年到浙江龙泉供村正德戊寅等纪年墓所出的大批龙泉青瓷器物看来，此一阶段似当包括元代中期并延续至明代早期乃至稍后的历史年代。据北京故宫博物院和台北故宫博物院分别公布的有关藏瓷资料以及相关联的文献记载，研究者们都曾指出元代中期至明代中期的龙泉窑，曾与景德镇窑同时为宫廷提供御用瓷器。《故宫博物院藏明代龙泉青瓷掇英》

一文中提到北京故宫博物院藏明代龙泉青瓷500多件。明初永乐、宣德时期龙泉窑生产大批为宫廷和贵族所用的精美青瓷，并有巨型大盘行销于东南亚一带，成为明代外销瓷中非常有特色的品种。这批早期青瓷胎骨多为灰白色，多层施釉，十分肥厚，有乳浊感，釉下多刻画花纹，足部施釉，有涩圈，处理手法与元末接近，造型及纹饰可与同期景德镇窑相媲美。明代中期以后，形制日趋多样，品种增多，釉面不如早期肥润，釉层渐薄，釉色有的偏灰，有的偏黄，很少出现纯正的色调。纹饰以花卉为主，刻花入刀浅显，多快速勾划而过，较为草率。明代末期，器物的釉面稀薄，透明度高如同一层玻璃，釉面多开纹片，足内多施釉，也有涩圈无釉的，花纹更加简单疏朗。据清代《龙泉县志》记载："青窑器：一都琉田。瓷窑昔属剑川，自折乡主庆元县，窑地遂属庆元，去龙邑几二里。明正统时，顾仕成所制者，已不及年二章远甚，仕成以后质粗色恶，难充雅玩矣"。龙泉窑考古发现与上述的记载相符，因而明代中期以后，龙泉窑已步入它的衰落期，至清而消亡。

第四章 历代龙泉青瓷的鉴定与鉴赏

一、纤细规正　越瓷流风

浙江是瓷器的故乡，有着悠久的发展历史，早在商周时期就产生了原始青瓷。春秋战国时期的原始青瓷以模仿青铜礼器而著称。东汉时期成熟青瓷烧制成功。浙江宁绍平原以越窑为代表的浙江瓷业，从六朝时期到唐宋，制瓷工艺和烧造技术逐步改进，它的成就代表着当时青瓷生产的最高水平。同时代金衢盆地的婺州窑，瓯江流域的瓯窑也以其独特的产品风格，在浙江的古代瓷业中占有一席之地。地处浙南偏远山区的丽水地区，据目前窑址考古的情况，发现最早的窑址有丽水的吕步坑窑址和庆元的黄坦窑址，年代上都属于唐代，产品面貌与同时代的其他窑口的同类产品相似，主要为敞口碗。龙泉窑创烧于何时，在龙泉大窑、金村的古窑址的考古发掘中，找到了先后的叠压堆积层位关系，从大量出土的龙泉窑初期的产品与同时代窑口产品的比较，可以得出龙泉窑创烧的年代大约在北宋初年。龙泉窑的出现，绝非一种偶然的现象，除了龙泉所处的瓷业发展的优越的自然环境，和瓷石矿源异常丰富的原因外，更有着深刻的历史背景。宋朝的建立，结束了五代十国的分割局面，使生产得到了迅速的恢复。全国的制瓷业有了突飞猛进的发展，打破了唐代形成的"南青北白"的瓷业格局，出现了大江南北制瓷技艺互相交融、产品百花齐放的局面。浙江的越窑已形成了一个窑场众多、分布地域广阔、产品风格一致的庞大瓷窑体系。同时期的瓯窑、婺州窑的青瓷生产也在蓬勃发展。与此同时，这些窑口从器物类型到装饰特点以及装烧方法、产品面貌都呈现出一种融合的趋势。只是由于各地瓷土原料中化学成分不同，在胎釉的呈色，以及装饰技法和纹样的选择，表现出地域性的差异，成为分辨不同窑口特征的依据。龙泉窑最早兴起的产品，是在龙泉的金村一带烧造。它最初的产品面貌，是一种釉色淡青、胎白质细腻，饰以纤细刻划花的产品，与其他同时代窑口相比较。最接近瓯窑的产品风格。龙泉地区在地域与温州地区相毗

图6.龙泉窑青瓷划花执壶（北宋）
口径7.7厘米 底径7厘米 高20厘米

邻，温州地区的瓯江流域自古以来有着悠久的烧瓷传统，由于当地瓷土原料中含铁量较少，使瓯窑产品具有胎白釉淡的特点，因此龙泉窑创烧的早期阶段的产品，与北宋时期瓯窑的产品类似。龙泉窑最早烧造的范围非常小，烧造的规模也不大。在龙泉窑的烧造历史上，这是一个创烧的时期，又是一个过渡阶段，它引进了外来瓷业生产技艺，利用当地优质的瓷土原料，是外来窑系的制瓷工艺和器物类型直接传播的结果。根据考古调查和发掘，在龙泉的金村窑址中发现的器物种类有：碗、盘、执壶、多管瓶和塔瓶等器物。在龙泉地区北宋时期的墓葬中，多见一种称之为多管瓶和塔瓶的器物，它是龙泉窑最有地域特色的器物类型，是龙泉窑在创烧伊始烧造出的当地民俗所需的产品。这种器物，以五管多见，其形制新颖独特，不见于同时代的其他窑口，是当地葬俗中盛行的随葬器物。下面就具有时代特征的器物作一概述：

碗 仅见于龙泉金村窑址堆积的最底层，葵口、弧腹、圈足外撇，釉色淡青，胎壁薄，外底圈足内有垫圈垫烧痕迹。

盏托 一种置茶盏的器皿，下为浅盘状，高圈足，盘内底置有圆柱形托。下雕刻有覆莲，是仿金银器。与越窑同时期的同类产品相同。

执壶 小盘口，细长颈，环形双耳，腹弧收，矮圈足。长流、扁条形的把手。器腹饰有凸起的瓜棱分割，中间为纤细的刻划纹。浙江省博物馆收藏有该器类（图6），日本大阪东洋陶瓷美术馆藏有同样形制的执壶，但有盖相配。

梅瓶 其名源自民国时期许之衡所撰《饮流斋说瓷》，书中称："口径之小，仅与梅之相称，故名梅瓶也。"宋时或称"经瓶"为小口、广肩，造型秀丽挺拔。这类器物延续的时间长，各窑口都有烧造。龙泉窑这一时期的梅瓶传世和出土的都较为少见，目前仅见收藏在浙江博物馆的梅瓶。形制为小口，广肩，有小环双耳，斜腹，突瓜棱状分割，间饰纤细刻划花。口沿部分留有三支烧泥点，盖失。（见图版1）

多管瓶 这类器物不见于浙江同时期其他地区的窑业，据目前考古资料，只出现在龙泉窑中，它是在器体的肩部安有管而称之为多管瓶，最多的有九管（见图版2），其中以五管多见。1991年庆元竹口镇出土一件多角瓶，青褐色釉，施釉不及底，胎质粗疏，盖为覆钵状，器体肩部有五个捏塑角状管，肩腹饰有捏塑的水波纹一周。根据形制，可以看出龙泉窑早期形态的五管瓶是对这一类产品的模仿。它在原有器物的形制上，有的部分保留，如捏塑的水波纹；有的改进，把五角改造为五管管口。器腹的装饰根据当时流行的纹饰。龙泉窑最早烧造的五管瓶与当地的随葬风俗的需求有直接的关系。五管瓶是龙泉窑最具特色的器物种类，它的功能不同于一般的日用品，它含有深刻寓意，但在形制上，除多管特别是五管需保留外，在器盖上没有一定的规范形制。这一时期龙泉窑的多管瓶，制作工整精细，胎色浅白，淡青色釉，纤细的刻划花。五管修长，几乎与器口平齐，管状削成五面方体，管端沿有平口和锯齿状两种。盖的造型主要以莲荷为题材，有叶、瓣、蕾组合，取其形态，雕琢复杂，扣合于瓶口外壁。器腹外壁装饰有刻划莲瓣纹，风格粗犷，有的在瓣内浅划细线筋脉。圈足稍外撇，留有垫圈垫烧的痕迹。（见图版3）

塔瓶 盘口，细长颈，环形双系，腹弧收，圈足外撇。与五管瓶相伴成对出土，这类器物在当地的墓葬与五管瓶往往相伴而出，和五管瓶在随葬品中是一种器物组合。其胎釉特征、装饰的水波捏塑纹和纤细刻划花与五管瓶相同。

谷仓 模仿现实中谷仓的造型，顶上饰有捏塑的泥条卷云纹。釉色淡青。创烧时期的龙泉窑器物，造型挺拔修长，端巧工整，釉色淡青、色泽光亮。胎色浅白，胎壁轻薄，质地细腻坚硬。在装饰风格上有明显的共同特征，在装饰技法上采用的是线刻的手法，线刻是北宋初年流行在浙江瓷业中最为常见的一种装饰技法，代表了当时陶瓷装饰的新手法，线条非常纤细，布局疏朗而流畅。题材有莲瓣纹、卷云纹、蕉叶纹、团花等。捏塑和堆塑的技法有水波纹、凸瓜棱纹，粘贴于颈肩间小的环形双耳，烧造方法用垫圈烧造，依然是浙江传统的垫烧方式。这些器物的装饰特色和烧造方式，都具有北宋初年浙江瓷业产品面貌的共性特征。因此这一时期的产品面貌也可以理解为浙江瓷业在入宋以后统一化趋势的延伸。北宋初期的浙江青瓷以越窑为代表，辐射到周边地区的其他窑口，出现了一个瓷业生产的高峰，在器物的造型上模仿金银器，在装饰上使用了纤细刻划的技法，不管在小巧的器物上，还是在大件器物上，都表现出同一种风格。而初创时期的龙泉窑最有特色的器物即为五管瓶，它是利用当时最新的烧瓷工艺，结合当地葬俗中所需的随葬品而烧造出来，是一种完全区别于其他窑系的器物种类。在造型上，既保留了早期当地类同于粗瓷的多角瓶的一些装饰，如水波纹的捏塑，花蕾状的器盖，又根据当时盛行的纹样题材和装饰手法，赋予它新的装饰内容。1976年龙泉出土的五管瓶，是一件代表了当时龙泉窑制瓷工艺水平的典型产品（图7），该器物的造型，使用了精雕细镂的手法，器盖分为三层，盖沿为一周浮雕的莲瓣，盖纽为莲蕾，中间层是四只在池塘内嬉戏的小鸭，展现了一幅生动的鸭戏莲荷图。罐的器腹深刻有多层仰莲，瓣内浅划茎脉。加以淡雅的釉色映衬，整件器物构思精巧，新颖独特，寓意深远，是一件完美的工艺品。同时期烧造的执壶、梅瓶等器物，在装饰特点上，器腹往往用凸棱分割，内填以浅划的纤细花纹，笔意细腻，线条飘逸，充满了诗情画意的意境。

二、双面刻画　南北兼容

从胎釉的变化到窑具和装烧方法的改进、器物种类的增多，龙泉窑的烧造历程是一个快速发展的过程。它是在封建社会商品经济较为发达的历史背景下，又是在中国古代瓷业高度发展阶段的基础上出现的，因此有着与产生于东汉时期越窑不同的发展规律。经过了创烧阶段的龙泉窑，不管是窑场的地域分布还是生产规模和产品风格，较之前期都发生了很大的变化，窑场的数量有所增加，规模也相应地扩大，除了在龙泉的大窑和金村一带继续大量烧造外，龙泉东区的大白岸等地，也纷纷建立窑场。在器物种类上也有所增加，有碗、盘、罐、瓶、执壶等，多为实用器皿。产品的风格与前期完全不同，胎呈灰色或浅灰色，釉色以青黄多见，玻质感强。装饰特点纹样繁缛，装饰手法以刻画为主，纹样特点是在花卉中，填以篦状器梳划的细线和篦划的点。成为一种流行的纹样，这一时期从制作水平、胎釉特征及烧造的工艺上，与创烧时期的产品，缺少直接的继承关系。联系前期龙泉窑烧造类同瓯窑的精美产品，会给我们留下许多的疑惑，因为这一时期的产品无论产品的质量还是装烧工艺，都有退步的感觉。龙泉窑生产为什么会出现这样的状况？究其原因，与当时全国整个瓷业状况有关。北宋中期以后，浙江以越窑为代表的青瓷生产少有更多的创新产品，产品的质量趋于逐渐衰落的态势。从全国的瓷业来看，正经历着巨大的变化。河南地区的临汝窑、陕西铜川的耀州窑，进行技术改革和产品的创新，处于大力发展时期，不仅造型多样，而且注重装饰效果，形成了以刻画、模印繁缛纹样为装饰特点的产品，手法新颖，构图繁密，更富于装饰意味。随着北宋商品经济的繁荣，市民阶层队伍不断壮大，促使了各阶层对瓷器的大量需求。而兴起的吉祥图案，大大地迎合了当时人们的审美需要。"本朝以定州白瓷有芒，不堪用，遂命汝州造青窑器，故河北唐、邓、州悉有之，汝窑为魁；江南处州龙泉县窑，质颇粗厚。"这一记载非常明确地说明了宋代全国的瓷业状况，也和这一时期龙泉窑烧造产品的面貌相符合。龙泉窑与前期在风格上有所转变，烧造这类双面刻画，纹样繁缛的产品，就是在全国瓷业中风行的装饰特点，同时期各地的青瓷窑场也竞相烧造。浙江台州地区的黄岩沙埠窑址，它的产品与耀州窑的器物如出一辙。和龙泉地域上相邻的福建省的漳浦、松溪等窑场，包括地理位置上相距很远的湖北省境内的土地堂窑、梁子湖窑等，都烧造相类似的产品。这是龙泉窑的过渡阶段，它更多的是为顺应商品经济发展，吸收外来瓷业的制瓷工艺和烧瓷技术，根据市场的需求，对外来的产品进行吸纳和创新。它的产品风格，共性大于龙泉窑本身的个性。这可以理解为一个窑系在形成发展过程中的一种现象。它是在陶瓷业商品生产这一特定历史条件下，产品信息和技术信息不同层面的交流和吸收而形成的结果。由于各地区窑炉结构的不同，这一时期龙泉窑产品烧成的火候与还原气氛的掌握尚有欠缺。釉色以青黄的居多，烧造方式完全摒弃了早期垫圈烧造的方式，改用了粗制的泥饼垫烧，在器物类型和造型上，特别是在装饰特点上，借鉴和吸收了北方耀州窑的产品，同时又有选择地烧造适合当地生产和销售的产品。首次出现在文献记载中的产品面貌被认为是"质

图7.龙泉窑青瓷多管瓶（北宋）
口径7.7厘米 底径7厘米 高20厘米

颇粗厚"。这一描述与今天大量的窑址考古资料印证，比较吻合。这类产品在1960年对龙泉金村窑址堆积的第三层，龙泉大窑窑址的发掘中都找到相应的堆积。在产品的种类中，有碗、盘、瓶、罐、执壶等，延续烧造的产品有五管瓶，龙泉出土的北宋熙宁三年（公元1070）的五管瓶（见图版4）、北宋元丰年间（1078~1085）的五管瓶、塔瓶（见图版5、6），其胎釉特征和装饰风格都具有典型的时代特征，也明确了这类产品大致烧造的时间。这类龙泉窑产品盛行的时代在北宋中期，属于龙泉窑烧造历史中的早期阶段产品。与前期的龙泉窑产品相比无论是胎釉的特点、烧造的工艺还是装饰风格，都发生了许多的变化，没有直接的继承关系。这一期的产品特点表现在：

1. 胎釉 完全不同于前期，胎呈浅灰色，胎质较粗疏，据专家对龙泉窑这一时期釉的成分测定，氧化钙的含量高达成16%，属石灰釉。在高温作用下，黏度低，容易流动，釉层变薄，透明度高，光泽亮度增强。同时这一时期对烧造技术特别是还原气氛的掌握尚欠缺，釉色上以青黄釉居多，纯净的青色少见。

2. 装饰特点 在技法上多采用刻画的手法，碗、盘类的装饰盛行深刻浅划的双面刻画花纹。外壁纹饰为刻斜直线条，形似打开着的折扇，故称之为折扇纹，同时外壁折扇纹的刻画角度，形成直线和斜线。另一种是外壁饰有内填篦纹以表现叶脉的单层仰莲。这种莲瓣式样在有元丰年纪年的五管瓶上出现，碗类也饰有同样的纹样，与之相应，碗的形制也略有所变化。内外壁刻画的纹样有相对的组合。内壁花纹有刻画花与篦点纹，花草纹与篦线纹相间的图案装饰，题材有团形菊花、荷花、野鸭、鸳鸯、婴戏等。在各类的瓶上，缠枝牡丹纹、花草与篦纹相间的组合，主要饰于器腹作主题纹样，同时直线和莲瓣成为上下呼应的辅助纹样。早期纹样布局繁密，多使用篦点纹。随后出现的篦线纹有疏有密，发展趋势越往后期纹样越疏朗，反映了产品阶段性变化的特征。这些刻画纹样，技法娴熟，线条流畅，装饰与釉色两者之间相辅相成，由于釉色透明、光泽度好的特性，使这一时期繁缛刻画的装饰手法充分地体现了出来。虽以刻画的装饰技法占主流，但在炉、方瓶的一些器类上，少数也采用凸起的阳印技法（图8），题材有鹿、鸟、花草纹等。

3. 烧造方法 一改前期垫圈垫烧的方法，采用了垫饼填烧法，窑具的材料也由上一期的瓷土改为了黏土。垫烧的方法是将垫饼填满在整个圈足的外底，使整个圈足都不施釉，

图8.龙泉窑青瓷印花方瓶（北宋）
残高8.1厘米

露出圈足外底和圈足端沿。由于垫烧方法的改进，圈足的形制也相应地变化。这类垫饼的垫烧方法，在浙江的瓷业中首次出现，也是龙泉窑区别于同时期的浙江其他窑口一个重要的标志。

4. 器物特点 这一时期的龙泉窑仍以日常生活用品为主，但增加了许多不同的器类和形制。主要的器物有碗、盘、罐、五管瓶、梅瓶、执壶器物。下面常见的典型产品分述如下：

碗 （1）式 直沿圆唇，碗口微敛，上腹部稍直，中下部斜直下收，形成折腹，小圈足稍高，挖足规则。（图9）

（2）式 口沿微向外卷，腹壁弧斜下收，内底较平坦。

盘 侈口翻沿，弧壁浅腹，内刻篦点纹，盘面微突，厚底圈足。

五管瓶 仍继续生产，形制上有所变化，器呈级梯状，级数少则三级多的达十级以上，并由下而上逐级内收。竖立级上的五管呈圆形，低于器口，葫芦式盖安置于器口。釉色普遍泛黄，器底不上釉，采用垫饼垫烧的方法。五管瓶是龙泉窑最有特色和延续时间最长的器物之一，随着时代的变迁，虽然每个时期烧造工艺、胎釉特征和装饰风格不同，五管却始终是存在的。但作为一种随葬的器物，在制作过程中会表现出一定的随意性，如收藏于浙江省博物馆的一种五管瓶，分级的器腹上粘塑上扁条状的片饰，是一种五管瓶的变化形态（见图版7），收藏于龙泉博物馆同样形制的两件五管瓶，器盖的盖纽分别塑有卧蹲状的鸡和犬（见图版8、9）。为什么在盖纽上塑有这两类形象，《神仙记·刘安》中说，淮南王刘安临仙去时，"余药器置在中庭，鸡犬舐啄之，尽得升天。故鸡鸣天上，犬吠云中"。这应是鸡犬成仙的掌故。《大汉原陵秘葬经》记载，天子到庶人墓均置有金鸡随葬，放置的方位在酉地，而且与狗配成一对压胜物，称为"金鸡玉犬"，1984年江西南丰县北宋晚期墓既有金鸡和玉狗俑的出土，也是龙泉窑五管瓶盖纽上塑有鸡和犬题材的来源，使五管瓶这种龙泉窑早期特定的随葬品，赋予了新的内涵，尽管烧造的材质和形式不同，应表现为相同的含义，在葬俗中起同样的作用。器物呈现出明显的时代风格，釉色青黄，釉质透明，器腹有繁密的刻画花，辅助纹为仰莲和直线条的组合。

塔瓶 常与五管瓶成对出现，是前期的延续产品，形制上变化大，与五管瓶同步，有盖，器纽呈花蕾状，盂口平唇，筒颈，溜肩，腹弧收，矮圈足，颈肩处刻有弦纹三道，器腹饰繁密纹样，有缠枝牡丹，下承以重瓣仰莲。有的器腹饰有垂叶纹样（见图版10）。与五管瓶性质一样，多为随葬。

蟠龙堆塑瓶 一般认为，龙泉窑的龙虎堆塑瓶是在南宋时期由五管瓶演变而来，成对出现，实则不然，它与五管瓶是两类平行发展的器物，有着各自不同的发展轨迹，收藏于浙江省博物馆的龙瓶（见图版11），盂形口，圆筒颈，肩上以捏制的水波纹为界，其上堆塑有蟠龙纹，周围有祥云点缀，高23.5厘米。通体釉色青黄，器腹刻画繁缛花纹，具有龙泉窑北宋中晚期的产品特点。龙瓶，在唐代有越窑的蟠龙罂，北宋时期，婺州窑的随葬堆塑瓶盛行龙的形象，在浙江的瓷业生产中，器物上龙的形象已雕刻得非常成熟。龙泉窑堆塑的蟠龙瓶，是吸收其他的窑口中同类产品的造型特点，而根据当时所流行的装饰手法和题材内容而烧造。龙泉窑的蟠龙瓶体现的是这一时期龙泉窑产品风格的典型的特征。它与虎瓶成双成对地制作生产，根据目前的器物类型学的排比资料，应该出现在南宋初期。

梅瓶 浙江松阳县博物馆收藏的梅瓶，是这一时期这类器物的精美之作。形制为小口、直颈、丰肩、釉色青绿，上肩刻重瓣覆莲，器腹为缠枝牡丹，下衬重瓣仰莲，刻画流畅，装饰的布局与同时代的耀州窑的同类产品有异曲同工之妙（见图版12）。

胆瓶 直口，垂腹，矮圈足，器腹有刻画缠枝花，釉色青绿、透明，是这一时期新创烧的瓶类形制。

方瓶 四方形，敞口宽唇，细长颈，腹斜，近底处腹弧收，矮圈足，釉色黄，最大的特点是在器腹采用印花的技法，题材有飞鸟、花草纹等。

执壶 一类是承接了前期的形制，小盘口，长颈，双环系，器腹上刻画花，釉色青黄。另一类，典型器出土于龙泉大窑窑址，与前期的执壶形制相比变化较大，为敞口、短颈、器腹鼓、长流、器腹饰满刻画繁密的缠枝牡丹和蕉叶纹样。有的饰有简练的云纹，釉色青黄。

盒子 唐宋时期流行化妆用具，

图9.龙泉窑青瓷刻花碗（北宋）
口径18厘米 底径5.4厘米 高6.5厘米

名为粉盒，也称油盒。浙江松阳出土的粉盒，扁圆形盖，盖面刻有缠枝菊花加以篦点纹，在其内壁刻画有龟和鹤组合纹样，器盒内有三个相连的小盒。（图10）

随着北宋商品经济的发展、市民阶层的兴起，各地民窑无论是青瓷还是青白瓷，或是白瓷，盛行的都是相近的装饰风格，采用刻画或模印的技法，图案布局具有繁缛缜密的特点，风靡于当时全国各地民窑不同的瓷器品种中，官窑的产品和民窑产品的审美意趣表现得泾渭分明，在装饰风格上绝然不同。民窑的纹样题材十分丰富，多选用日常所见的花卉，深含寓意，《宣和画谱》在花叙论中写得非常明确，如说"花之于牡丹、芍药，禽之于鸾凤、孔翠，必使之富贵；而松竹梅菊、鸥鹭雁鹜，心见之幽闲"。陆游《老学庵笔记·卷九》载："政和、宣和间，妖言至多，织文及缬帛，有遍地桃寇、有佩香曲、有赛儿，而道流为公卿受箓，议者为，桃者，逃也；佩香者，背乡也；赛者塞也；箓者，戮也。"可见当时人们对纹样的选择，有非常明确的目的。北宋中晚期的龙泉窑装饰纹样繁密，强调意趣。丽水博物馆藏龙泉窑碗刻画的鸳鸯戏水碗（图11），刻画水波涟漪的荷塘，荷叶随风舒展，三只鸳鸯穿行其间，有的引颈向前，有的回首顾盼，神态各异。这些纹样题材都取自于现实生活，寓意美好，形

图10.龙泉窑青瓷刻花龟凤纹粉盒（北宋）
口径12厘米　底径4.7厘米　通高4.4厘米

图11.龙泉窑青瓷鸳鸯戏水刻花碗（北宋）
口径19.8厘米　底径5.7厘米　高8.3厘米

象逼真，构图完整，同时辅之以疏密有致、线条流畅的篦纹，随着不同花卉的姿态，把花和叶脉的婉转自如，表现得生动自然，充满了韵律。龙泉窑的产品在这一时期表现出来的装饰特点，明显受到北宋时期高度发达的人物、山水、花鸟等题材绘画艺术的影响，借鉴同时代其他工艺品的表现手法，在图案化的题材上，透露出浓郁的生活气息，达到了生活和艺术的完美统一。

三、厚胎薄釉　自成体系

两宋之际，金人入侵，朝廷南迁，社会动荡。全国各地包括浙江的其他瓷业都处于低潮。浙江瓷业生产的格局也发生了重大的变化。婺州窑、瓯窑已相继衰落。越窑在南宋仍有烧造，但规模及产品的质量与鼎盛时期的越窑已不可同日而语，而龙泉窑正处于一个加速发展的时期。地处偏远山区的龙泉窑，凭借着优越的自然条件和积累的烧瓷技术，在持续发展的同时，大力改革和创新。如果说，前期龙泉窑的产品有借鉴和吸收外来的生产技艺和装饰特点，这一期开始龙泉窑的瓷业摆脱了其他窑系的影响，烧造出了以厚胎、薄釉、刻画花为标志的龙泉窑产品，确立了与众不同的独特风格。与此同时烧造的地域迅速地扩大，烧造的地点除了在龙泉境内以大窑窑场为中心外，附近的庆元、丽水、松阳、云和县等地建立了大批的窑场。烧造的地域也扩展到了温州地区的文成、泰顺等地，初步形成了龙泉窑瓷窑体系。在烧造工艺上对釉的还原气氛已较好地掌握，产品的釉色也趋于稳定，前期的黄绿、青灰少见，呈现了一种湖绿色，釉质纯净。典型器物为直口、垂腹、转角处明显，底部厚实、圈足宽矮的一种

碗类。其他日常生活用品的种类没有大的增加，除胎釉的不同外，在纹样上也发生了明显的变化。五管瓶继续大量地生产，新出现了成对的龙虎堆塑瓶，堆塑的题材随着时代的变迁而赋予新的流行内容。梅瓶饰有弦纹，或是饰大或素面，代替了前期的繁密纹样，出现了形制较小的瓶类，大量的器物显示，制瓷工艺在逐渐地改进，使制品的质量进一步地提高，为南宋中后期龙泉窑瓷业的高度发展奠定了坚实基础。1960年对龙泉大窑亭后山窑址调查，出土有一件印有"永清窑记"铭文碗的残片，这是目前所知龙泉窑中唯一有确切名字的窑。应该为窑场作坊的一种标志，也是商品经济在龙泉窑瓷业中的反映。

龙泉窑产品风格的确立，其胎釉特征较之前期有很大的改变，虽然是浙江传统的石灰釉配方，但釉色中黄的基调减少，青灰和青绿色调增加，说明烧造技术显著提高，已较好地把握了产品的火候和还原气氛，但胎壁

增厚，胎质不甚细密而胎色普遍泛灰。继续使用泥饼垫烧法，整个器物的圈足底部皆露胎。器物种类上，大部分是上期产品的延续。主要的典型器物有：

碗 （1）式 敞口弧壁，下腹斜收、外壁刻画有填有细线的莲瓣纹，内壁刻画花，矮圈足（见图版13）。

（2）式 敞口弧壁，下腹圆弧。与圈足外壁几成90度交角，圈足宽矮。（见图版14）。

碟 为直口、内底平坦，折腹，外底无圈足露胎，俗称为"铜罗底"的造型。常见刻画四朵相连篦纹组成的图案，构图简洁。

暖碗 俗称"孔明碗"，又称之供碗，专门用于祭祀和供奉的一种器皿，由盘和碗口沿相黏接两层组成，底部有一圆孔。在越窑产品中，上虞的窑寺前窑址出土有类同的器物，也为两层，只是外底为二层台，没呈圆孔状。这类器物刻画的莲荷纹样，与同时期的碗、盘相同（图12）。

图12.龙泉窑青瓷暖碗（南宋）
口径13厘米 底径8.4厘米 高5.7厘米

粉盒 扁圆形，盖面刻画有莲荷一朵。（见图版15）

执壶 一类为小口，平肩，把手和长流高于口沿，肩居中有一圈弦纹，腹饰有六瓜棱纹，其间刻画莲荷，釉色青绿。

五管瓶 器型变化较大，器体较前期要小，器腹上级的数量减少。釉色青灰多见，通体光素无纹，管口作花形，器盖纽为卧犬（见图版16）。

龙虎瓶 龙虎瓶的成对，是龙泉窑在这一时期新出现的器物组合，收藏于浙江省博物馆的龙瓶沿袭的是上期龙瓶的形制，肩部依然用堆塑的水波纹，上有一个孩童仰卧的形象，高23.5厘米，釉色青绿，器身刻有莲瓣，莲瓣内画有细线（见图版17）。另一类龙瓶的形制为直口、短颈，肩部为分级递收，器腹光素无纹，盖纽为鸟形，高26.4厘米。同一时期，出现了堆塑虎瓶的器物类型，收藏于龙泉博物馆的虎瓶，器盖纽塑为一立鸟，盖面有四条堆塑卷曲纹。器肩用水波纹进行粘贴分割，上塑有一只老虎，呈卧伏状，老虎的形象非常的稚拙，旁塑有蛇，器腹光素无纹，高30.7厘米（见图版18），这是目前龙泉窑所见最早的虎瓶形象。根据这些龙虎瓶胎釉的特征和装饰特点可知，此为龙泉窑南宋早中期的风格。虎瓶是新出现的器物，虎的形象，少见于浙江瓷业产品的纹样装饰中，对于新出现的形象，工匠们是陌生的，因此制作的手法、形象的塑造都显得非常的粗拙，与生动的龙形成了鲜明的对比。浙江省博物馆收藏一件带有"月"字的堆塑龙瓶（图13），釉色黄，器身绘有褐彩，器肩为捏制的水波堆纹，上塑着装宽衣博袖，作站立和仰躺姿态各一人，另有蛇、祥云点缀其间，盖塑有鸡纽，通高26厘米。在浙江省博物馆收藏的另有一件虎瓶（图14），也刻画有"月"字，器身上施有褐彩，虎的形象十分稚拙，旁塑有仰卧一人，高25厘米。这两件器物的形制与龙泉窑早期龙虎瓶形制基本相似，所堆塑的内容和布局基本一致，说明两者有千丝万缕的联系，对这类产品的窑口，还不十分明确，浙江同时期的其他窑口不曾见这类产品，《福建陶瓷考古概论》中提到的浦城大口窑，有这类褐彩产品。《闽北大口窑及釉下彩新探》一文中提到，出有釉下彩魂瓶七件，"魂瓶皆为盂口，高颈、颈部有蟠龙或蟠虎，肩部堆塑朱雀、海螺、或仰卧人物等"，应该指的就是这类器物。福建浦城大口窑从地域上与龙泉相邻，和龙泉窑的关系密切。从龙泉窑龙虎瓶早期形制上的布局、内容可以看出，它应该是借鉴了浦城大口窑中堆塑龙虎瓶的形制，利用龙泉窑产品的特点，生产一种当地人所需随葬用的龙虎瓶。在罐体的肩上部堆塑龙虎形象，是当时社会所表现的宗教信仰。道教是我国的传统宗教，两宋时也非常的流行，民间的葬俗活动，都蒙上一层神秘的道教色彩，随葬用的龙虎瓶器物，在青白瓷中也成对出现。龙虎素为道家推崇，《性命圭旨》说：龙从火里出，虎向水从生，龙虎相亲，坎离交济。用龙虎瓶作为随葬品，表示墓主皈依宗教祷冥祈福，灵魂安宁升天，护佑家族风调雨顺的意义。往往在器物的肩部以龙和虎为主题装饰，有的配以金鸡、玉犬、仰观、伏听以及日月祥云。龙泉窑龙虎瓶的成对出现，正是这种思潮盛行的载体。

梅瓶 与上期的形制有所变化，规格不一，可以分为二式，一式为覆杯形盖、盖顶与外壁均刻画莲瓣，瓣内填篦纹。小口、圆唇外卷，筒颈、弧肩、上刻画有双线凹弦纹。鼓腹、外底与圈足无釉。都出自丽水市南宋淳熙五年（1178年）纪年墓。（见图版19）

二式为直口平唇、平肩、腹斜收，外底与圈足无釉、盖与器身饰有等距的凸弦纹。出自于松阳县庆元元年（1195年）墓（见图版20），龙泉宋墓也出土有同一形制的产品（见图版21）。

长颈瓶 敞口，细长颈，圆腹，矮圈足。江西清江花果山开禧元年（1205）墓出土。1960年龙泉大窑窑址发掘出土多件瓶类，形制较小，为小口、垂腹，有的贴有环形耳。

这一时期的龙泉窑，既是风格形成的时期，也是产品质量不断提高的过程，从这些器物釉的质感上，色泽和厚薄也逐渐有所变化。釉色更为匀净和纯正，在厚胎薄釉的特征上，它的装饰风格趋于简洁。纹样由繁缛的图案布局，演变为流畅疏朗的写意图案，由内外双面刻画演变为内壁单面刻画。碗、盘的纹样可以细分为三种，同时纹样的疏密程度也与器物的釉色和质感变化相关联。依据发掘窑址的堆积层来划分，它们反映了这一时期不同阶段的装饰纹样：

1. 首先花纹题材以各种形式的

图13. 青白瓷堆塑龙瓶（南宋）
高26厘米

图14. 青白瓷堆塑虎瓶（南宋）
高25厘米

折枝荷花为主体，长长的茎秆支着盛开的荷花，弯曲的短茎连着侧覆的荷叶，在图案的布局上，常见的是一朵带长茎的荷花与一侧覆荷叶组成对称的二组花纹；另一种是两支相互对串的荷花，用疏朗的篦纹衬底；荷花和荷叶作三角形分布，或一朵荷花两张荷叶，或是三朵荷花或三张荷叶。（图15）

2. 以葵口为基点，沿内壁S形复线刻纹划分有六等份，其间以线条流利的如意云纹相隔，纹样趋于疏朗随意。（见图版22）

3. 出现了"葵口出筋"的装饰。所谓"葵口出筋"是一种新出现的装饰手法，即为口沿作五处凹缺缺口，内壁相应用白色的料浆画一直线上去，在青釉下隐约出现了白痕，称之为"葵口出筋"。新昌县南宋绍兴二十九年（1159）墓出土有这类"葵口出筋"碗（见图版23）。同时在碗、盘的内底出现了印章式文字，有吉祥语、广告语，如"河滨遗范""金玉满堂"等。安徽省宋墓出土的一件外底"庚戌年元美宅立"墨书，内底印有长方形图章式文字"河滨遗范"的碗。据考证庚戌年即为1190年，浙江博物馆收藏有类同的器物。（图16）

上述的碗、盘类内壁的装饰纹样，表现了器物在同一时期不同阶段纹样变化的特征，也是鉴别龙泉窑产品在同一时期不同发展阶段的依据。通过大量的窑址考古和纪年墓资料的排列，可以看出这类产品的流行年代，大约在南宋早期延至南宋中期以后。

在陶瓷的装饰艺术中，纹样的变化最能体现一个时代政治、经济、文化所传达出来的信息。莲荷以"佛门圣花"而著称，是中国传统的纹样题材，它源远流长，千姿百态。早在南北朝时期的越窑、瓯窑，就以莲瓣图案盛行一时。宋人周敦颐的《爱莲说》赋予莲荷出淤泥而不染的品格，也是当时众多窑口装饰的题材。但没有一个时代一个窑口的产品，像这一时期龙泉窑的莲荷纹样，刻画得如此清新幽雅，把"清水出芙蓉，天然去雕饰"的境界表现得淋漓尽致。似乎在一改北宋一朝市井的喧闹繁华，留有的是半壁江山的落寞沉寂。

四、薄胎厚釉　官民互动

南宋中期以后，建都的临安不仅是全国的经济、文化中心，也是"衣

图15.龙泉窑青瓷莲花纹碗（南宋）
口径16.6厘米　底径6.7厘米　高8.1厘米

图16. 龙泉窑青瓷 "河滨遗范" 铭文碗（南宋）
口径16.6厘米 底径6.7厘米 高8.1厘米

冠毕会，商贾云集"，成为最大的商业城市，商品经济十分的发达。根据文献记载和考古资料，龙泉窑的产品面貌在1200年左右出现了巨大的改变，表现为厚釉薄胎的产品特征，较之前期的产品面貌有了质的变化。有关厚釉的概念，有学者研究后得出，"厚釉工艺。这是北方地区制瓷业在北宋晚期的一项重要的技术创新，这项工艺要求先将器物素烧，然后多次施釉，再进行釉烧。据现有资料，可认定其在汝窑首创[1]"。就目前的考古资料，厚釉在浙江瓷业中，最先出现在越窑类官窑产品中。1985年的考古调查，在浙江慈溪上林湖的名为低岭头窑址发现了乳浊性强的"官窑性"产品，1998~1999年浙江省文物考古研究所对其附近的寺龙口窑址进行了大规模的发掘[2]，在南宋堆积层出土了两类风格完全不同的产品，一类是刻画花的产品，是这一地区传统类型产品的延续，一类为乳浊性釉质的官窑类型的产品，这是浙江瓷业最先出现的厚釉产品，随后的南宋官窑，包括老虎洞窑址和郊坛下窑址的南宋官窑产品，均以厚胎的面貌出现。南宋龙泉窑生产的厚釉产品，它的产品式样和工艺特点，与南宋官窑的产品有许多的相似之处，这一时期龙泉窑厚釉工艺的产生，表明与同时期的南宋官窑有密切的关联。南宋官窑是文献记载与实地窑业中遗存相吻合的一处官窑窑址，建置于当时临安的郊坛旁，后人命名为南宋郊坛下官窑。上世纪50年代、80年代经过考古工作者们对其先后两次大规模的考古发掘，揭示了大量的工场作坊遗迹，出土了数以万计的器物标本，通过专家学者整理和研究，对它的发展脉络、产品类型、工艺特点都有了非常清晰的认识。出土器物分为不同的两个阶段，从早期一次性施釉的支烧工艺和晚期多次施釉的垫烧工艺的演进[3]。根据施釉和烧造工艺的特征，龙泉窑是在南宋中晚期以垫烧阶段与南宋官窑相联系，

---

[1] 秦大树《钧窑的始烧年代》，《华夏考古》，2004年第1期。
[2] 《寺龙口发掘报告》，文物出版社，2002年10月。
[3] 浙江文物考古研究所编，李德金《乌龟山南宋官窑出土的产品及烧制工艺》，《庆祝苏秉琦考古五十五年论文集》，文物出版社，1989年。

官窑和民窑的关系，在不同的历史条件下表现不尽相同。在我国古代陶瓷史上，北宋开始置有官窑，北宋的"官窑"首先在器物的式样上有严格的规定，与同时期的"民窑"在产品面貌上绝然不同。而南宋时期的"官窑"和"民窑"却呈现出相互促进、相互融合的趋势，使官窑和民窑的产品面貌趋于一致。代表龙泉窑烧造技艺的杰出成就的厚釉产品，是在吸收同时期南宋官窑生产技术基础上的一种创新产品。成书于南宋开禧二年（1206）的《云麓漫钞》记载："青瓷器，皆云出自李王，号秘色，又云出钱王……今处之龙溪出者色粉青，越乃艾色"。粉青是这一时期釉色的主色调，它概括釉的质地和色泽。由于胎釉化学成分的改变，采用多次素烧、多次施釉的生产工序，釉色表现出淡雅柔和、温润如玉的特性，把釉的美发挥到了极致，集中体现了青瓷烧造工艺的高超水平。在器物的种类上，也生产与南宋官窑相类似的产品。既有为朝廷祭祀礼仪中代替青铜器的仿古重器，更多的是为迎合当时的复古思潮，生产与厚釉薄胎特征相伴而生的仿古类陈设品，有琮式瓶、觚式瓶、弦纹瓶、樽式炉、鬲炉、鼎式炉等，凤耳瓶、鱼耳瓶以及堆塑的龙虎瓶，它们制作精细，造型古朴典雅，与美轮美奂的粉青釉浑然天成，达到了青瓷艺术的高峰。同为厚釉产品，根据胎的颜色，可以分为白胎类产品和黑胎类产品。白胎类产品，从数量上占绝大多数，白胎产品遍布龙泉窑烧造的许多地区，其中以大窑窑场为集中烧造地。黑胎类产品占全部产量的极小部分，根据窑址的考古调查，它的烧造范围不大，主要在龙泉溪口的瓦窑垟窑场，它以烧造黑胎青瓷为主，同时也兼烧白胎青瓷。

南宋龙泉窑中厚釉薄胎类型的考古资料十分丰富，除了窑址所出的大量器物标本外，在浙江地区一改北宋时期墓葬中多出青白瓷的随葬习俗，发现了多处南宋中晚期的纪年墓，出土了许多龙泉窑的厚釉产品，为南宋龙泉窑厚釉产品的分期提供了科学的考古资料。1991年四川遂宁的南宋窖藏出土的大批南宋龙泉窑厚釉产品。数量之多，制作之精，为世人瞩目，为研究这一时期的产品面貌，提供了大量的实物资料。

1. 南宋龙泉窑的厚釉产品
（1）白胎类产品

胎釉 科学实验测定表明，南宋时期厚釉类产品改变了浙江瓷业传统的胎釉配方，"胎的特点是SiO_2的含量较前有所降低，Al_2O_3和R_2O的含量较前有显著的提高。釉的特点是氧比从过去的2.3~2.6提高到2.8~3.0，个别甚至达到3.3左右。熔剂中部分CaO改由K_2O代替，也即采用了石灰-碱釉[4]。"这种釉在高温下不易流动，烧成后釉面光泽柔和，同时采用多次施釉多次素烧的生产工序，使釉面的乳浊感增强，达到了温润如玉的装饰效果。胎的呈色对釉产生了映衬的作用，粉青釉的胎一般需白中带灰。梅子青釉的胎，相对来说白些。黑胎类产品的胎接近灰黑色。它们烧造的火候气氛也是各不相同。早期厚釉产品的出现以粉青为主，粉青釉在介于生烧与微生烧之间、火候相对低、弱还原的气氛下烧成。晚期釉逐渐趋于青绿，梅子青的烧成，玻化程度比粉青釉高。事实上也反映了龙泉窑产品在这一时期不同阶段在釉色上的变化，表现在釉色上变化的基本规律。说明龙泉窑的厚釉产品，在还原气氛的把握，火候的提高形成在玻化程度上，每个阶段都有所不同。南宋龙泉窑纯正厚釉的产品用粉青和梅子青来称呼，梅子青釉，因釉色类同梅子故名，而在烧造的过程中，由于烧成温度和气氛的掌握的欠缺，有少数器物呈现不同青黄、蟹黄、米黄等，曾有"黄龙泉"之称，实则是在不同的氧化气氛下生成。由于这时期厚釉的特性，质感上乳浊性很强，如同凝脂，别有意趣。从一些纪年墓的资料上厚釉产品基本上可以分为三个不同的发展阶段，湖北省武汉市武昌卓泉宋嘉定六年（1213）任晞晴墓出土的青瓷觯式瓶，浙江省湖州市下昂乡石泉村坟山头墓葬出土的鱼耳炉、青瓷杯和把杯。这些产品，共同的特征是釉层肥厚，釉的质感乳浊性强，圈足的边端胎和垫具的收缩不一样，形成了

---

[4] 周仁、张福康、郑永圃：《龙泉历代青瓷烧制工艺的科学总结》，《龙泉青瓷研究》，1989年。

圈足端沿的不规则，南宋龙泉窑这一时期的厚釉工艺，并非仅用于一些与官窑相类同的器物，也出现在如龙虎瓶、五管瓶这类传统的器类上。龙虎瓶、五管瓶是贯穿整个宋代龙泉窑烧制的一种器物种类，从装饰特点到胎釉特征，有明显的发展脉络，龙虎瓶率先也使用了这种当时先进的厚釉工艺，同时又随着当时的审美观念，在造型和装饰上有所变化。遂昌博物馆收藏的五管蟠龙瓶（见图版24），龙泉博物馆收藏的龙瓶和虎瓶，从类型学可以看出，是延续了这类器物使用厚釉工艺后早期的器物形态。从这些器类上，厚釉的肥润，是上述器物共同的特征，但釉色不纯，有发灰、发黄的现象。

丽水南宋嘉定壬午年（1222）李屋妻姜氏墓出土的印花粉盒（图17）、盂形罐（见图版25）、鼓钉三足炉（见图版26）、象纽盖罐（见图版27），浙江丽水宝庆二年（1226）何处仁墓出土的长颈瓶残件，这一时期产品的特点是釉色粉青，釉质厚薄匀净，色泽纯正。胎白细致，烧制的炉和瓶形制多样，四川遂宁窖藏出土的龙泉窑器物也多为这类典型产品，器物种类和釉色与官窑最为接近，也是龙泉窑烧制厚釉产品的高峰时期。

温州出土的慈山南宋淳祐十年（1256）叶适墓志（图18），德清县乾元山南宋咸淳四年（1268）吴奥墓出土的觯式瓶、鬲炉，釉的色泽青绿，釉质厚润透明，也表明了这一时期釉色的转变，赞美龙泉窑的釉，多以粉青和梅子青称之，这两种不同的釉色实为代表了南宋龙泉窑厚釉产品不同时期色泽和质感。南宋末期，衢州市柯城区浮石乡瓜园村南宋咸淳十年（1274）史绳祖墓出土的龙泉窑青瓷莲瓣碗、束口碗，丽水市三岩寺金桥头村南宋德祐元年（1275）叶梦登妻潘氏墓出土的龙泉窑青瓷莲瓣碗（见图版28），釉色青绿，玻化程度提高，是龙泉窑南宋末期的典型釉色。

烧造方法　胎釉成分的改变，直接导致了新的装烧方法的出现，虽然仍为垫饼垫烧法，但垫饼用瓷土制成，较前期更薄，使用时将垫饼垫放在圈足端沿，而并非前期的放在圈足内侧，因此圈足的端沿刮釉露胎，由于二次氧化的作用，显露出火红色，俗称"朱砂色底"。

装饰特点　这一时期的粉青釉和梅子青釉，把釉的色泽和质地都发挥

图17.龙泉窑印花粉盒（南宋）
口径8厘米　底径4.6厘米　高3.9厘米

图18.龙泉窑青瓷叶适墓志（南宋）
口径2.4厘米　底径3.5厘米　高3.3厘米

到了极致，釉成为了最自然的装饰，同时由于釉层较厚和它的乳浊性，与之相适应的装饰手法，是以深刻、堆塑为主。题材以莲瓣最多见，有深浮雕的效果，装饰于各种器类。早期粉青釉与之相配的莲瓣是宽硕的形态，中脊挺拔。后期梅子青釉相配的莲瓣趋于狭长，中脊稍显平坦。表明了阶段性莲瓣纹样的变化。瓶类产品中堆塑的龙虎瓶，用塑、模、贴的技法，把龙虎的形象塑造得各具其态，但在不同的釉色下，呈现不同的效果，创烧的有双耳的瓶类，用模贴、模塑的技法，取材于传说中的摩羯（鱼龙）、凤等祥瑞形象，安置于器物的颈部。有的在器盖上用模塑的小象形象制作为盖纽。在南宋末期，从出土于丽水市南宋德祐元年（1275）的六角瓶（见图版29）、出土于绍兴环翠塔地宫的南宋咸淳元年（1265）的奁式炉（图19）可以看出印花装饰技法的使用，由于这一时期釉层相对还是较厚，图案纹样显得模糊不清。

器物类型　古朴典雅、端庄大

气是这一时期主要的造型特点，形制上的仿古类器物，主要以古代礼器中的玉器和青铜器作为蓝本，有新石器时代良渚文化的玉琮、汉代的双鱼洗等。各种形式的瓶类有尊形瓶、琮形瓶、觯形瓶、凤耳瓶、弦纹瓶。炉有簋形炉、鬲形炉、兽足八卦纹香炉、奁式炉、鼎形香炉等。仿古类产品的出现，是与厚釉工艺同步。另一类产品是原有器物种类的延续。如一些日用的碗类，以及早期的地域性器物，如五管瓶、龙虎堆塑瓶等，由于厚釉的工艺，制作的规范，都表现出鲜明的时代风格。具体的器类有：

碗 形制上变化不大，釉色粉青，外壁刻宽硕莲瓣，以四川遂宁窖藏出土的碗为典型产品，晚期为敞口、腹弧斜收，尖底，小圈足，釉色青绿。衢州市南宋咸淳十年（1274）史绳祖墓出土的莲瓣碗有明显的变化。

斗笠碗 敞口，斜直腹，小圈足。这种碗的形制颇有北宋遗风。但胎釉具有厚釉类产品的特征（见图版30）。

束口碗 束口，弧腹斜收，小圈足。底心微凸。釉色青绿。是南宋晚期出现的一种碗的形制。出土于衢州南宋咸淳十年（1274）史绳祖墓的束口碗是典型产品（图20）。

敛口钵 敛口，斜腹，小圈足，外壁深刻莲瓣纹（见图版31）。

盏 这类产品较多，敞口，弧腹，小圈足。最大的特点是口沿部分刮釉，采用覆烧的装烧方法，口沿部分露胎。

盖碗 直口，垂腹，圈足。外壁刻有莲瓣，上有刻画覆莲的器盖相合。有的下面同样刻有莲瓣的盏盘相配。

盘 敞口，浅腹，圈足，外壁深刻有莲瓣纹。是南宋龙泉窑的常见产品。

堆塑瓶 龙泉窑厚釉堆塑龙虎瓶成对出现，釉层肥厚，色粉青，釉质呈乳浊性。堆塑的内容主要为龙与虎，其他的附加堆塑题材大大地减少，肩上捏塑的水波纹已不复存在。遂昌文管会收藏的一件五管蟠龙瓶，这件器物是在五管瓶上，堆塑有蟠龙。同时出土的还有一件虎瓶，没有

图19.龙泉窑青瓷奁式炉（南宋）
口径14 底径6.8 高4.5厘米

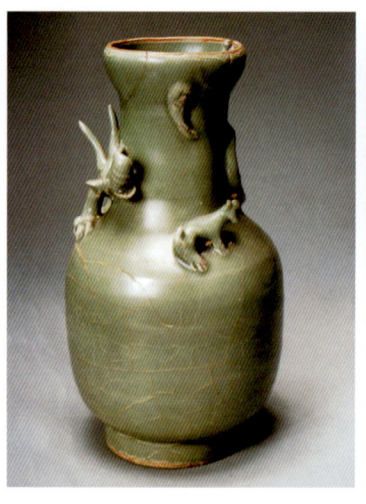

图20.龙泉窑青瓷束口碗（南宋）
口径10.4厘米 底径3.7厘米 高5.2厘米

图21.龙泉窑青瓷堆塑龙瓶（南宋）
口径7.8厘米 底径8.9厘米 高24.2厘米

图22.龙泉窑青瓷堆塑虎瓶（南宋）
口径8.2厘米 底径9.2厘米 高25.3厘米

安置五管。有些学者用此说明龙虎瓶由五管瓶演变过来的例证，被戏称为最后一件五管瓶和最早一件龙瓶。南宋中期以后，釉成分的改变和多次施釉的烧成方式，龙泉窑的工艺、胎釉发生了很大的变化，形成了厚釉薄胎的特征，龙泉博物馆收藏的龙瓶（图21、22），均为釉层肥厚，釉色粉青，在瓶体上捏制的水波纹不见，附加的堆塑内容有所减少。第二种为直口、短颈龙瓶，形制无多大变化，主要的变化是釉色为厚釉的粉青色。英国大维德基金会博物馆所藏的一对龙虎瓶，是承接上述的形制，在装饰上新出现了莲瓣纹，但莲瓣刻画得较为浅平，形状宽硕。龙虎瓶器盖上的纽犬形象继续存在，鸡纽的形象被飞鸟代替。虎的形象和面貌，没有大的改变。龙虎瓶没有严格的规定形制，没有统一的定制（见图版32）。南宋后期，龙虎堆塑瓶有所变化，釉色趋于青绿，梅子青的色泽莹润光亮，器腹刻有浮雕状的莲瓣，最精美的成对龙虎瓶当推这个时期的产品，上海博物馆所藏的龙瓶（见图版33）、浙江博物馆收藏的龙瓶（见图版34），是南宋较为晚期的产品。这一时期的釉色趋于青绿，釉质的透明度增加，器肩腹部分的分级已不见，上塑有雕刻精细的龙，器腹刻有的莲瓣突脊明显，形状变为狭长。

五管瓶 随着时代的不同有所改变。这一时期的五管瓶，它的形制有很大的改变，器体变小，为小口、直颈、弧肩折腹，下腹饰有流行的莲瓣纹，除了五管继续保留外，其余部分变化大（见图版35、36），管口和腹相通可以理解为早期五管瓶的随葬功用，这时已被堆塑龙虎瓶代替。

鼓式瓶 标准器是湖北宋嘉定六年（1213）任晞晴墓出土的瓶，德清南宋咸淳四年（1268）吴奥墓也有出土（见图版37），这类产品在龙泉窑的生产中数量较多，浙江省博物馆收藏的这类产品中，釉色青黄和青灰的居多，造型变化不大。它一般可以作插花之用，但从墓葬出土的与炉相伴组合看，也可用作一种插放香箸、香匙的香壶。

弦纹瓶 盘口、长颈、上饰竹节三段，斜肩，扁腹，上饰弦纹，大圈足，有的圈足对称穿孔。与同类型的官窑产品相仿。

贯耳瓶 直口，长颈，近口沿处对置贯耳，腹圆，圈足。同一形制的大小规格都有（见图版38）。

双耳瓶 龙泉窑造型独特的瓶类，浅盘口、直颈、斜肩、筒腹。双耳安有模制的双凤、摩羯（鱼龙）耳。双耳模制而成。是南宋龙泉窑造型艺术的代表作品（见图版39）。

花形瓶 侈口，口沿呈六出花瓣

状，长颈作弧线内收，器身为六棱，圈足呈花瓣状外撇。

奁式炉 直筒，腹饰弦纹，三足刻划如意纹，造型简洁。（见图版40）

鬲炉 折沿平出，直颈，腹扁圆，下承三足，腹上有三条"白痕出筋"，沿足而下，全器施满釉，仅三足底部露胎。这是南宋龙泉窑厚釉炉类产品中最常见的一种形制，有大小不同的规格（图23、24）。

簋式炉 模仿商周青铜簋的形制，敞口，腹部对称安有双龙耳，高圈足稍内收。造型端庄凝重，是仿古器类中的精品。同时也生产同类形制的双耳簋式炉，但器型欠规矩，双耳简化。

鼎式炉 模仿青铜器的造型，端庄而深厚（见图版41）。

觚式瓶 模仿青铜器的造型，是南宋龙泉窑厚釉类型中常见的仿古类产品，形制大小均有，此件觚形器，釉色粉青，色泽精光内蕴，制作精良，是同类器中的极品。（图25）

琮式瓶 圆唇直口，短颈，方形瓶体，圈足，圈足端露胎，往往修削得不规整，呈朱砂色。四面各凸起横直线纹，表明它是模仿浙江新石器时代良渚文化的玉琮形制。是南宋龙泉窑特有的器物造型（见图版42）

豆形器 器物的形状类同新石器时代的陶豆，浅盘口，喇叭形圈足，这类产品较为少见。

圆口洗 圆口，直腹，全器光素无纹。绍兴县棠棣乡"淳祐辛丑年"墓有出。在四川遂宁窖藏出土的一批，大、小规格都有，造型秀巧（见图版43）。

折沿洗 折沿，直腹，圈足，造型与汝窑同类器相仿。

双鱼洗 折沿，弧腹，外壁刻莲瓣，早期的产品是模仿汉印双鱼洗，采用模印双鱼，但数量少。大量模制粘贴首尾对置的双鱼洗出现在南宋晚期。

渣斗 敞口，扁腹，圈足。大、小规格均有，形制一样（见图版44）。

鸟盏 种类丰富，有圆形、橄榄形的垫烧用支点（图26、27）。

把杯 直口，垂腹，矮圈足，口沿至腹有如意形把手。口沿部分有刮釉，露胎。有大小不同的规格（见图版45）。

五管灯 灯盘为宽唇折沿，直腹，近底处折收，大圈足。内底置有五管，每管上有一圆孔，灯芯吸油之用。

执壶 典型的器物出于江西省樟村市清江县寒山杨村南宋景定四年（1263）墓，它外腹所刻的筋线凸起组成的莲瓣纹较为特别。

灯盏 形若小浅腹盘，腹为双层，盘底立一灯心管，外壁镂有二小孔，可以通芯。有的器腹素面，有的器腹刻有筋线凸起组成的莲瓣纹。与陆游《老学庵笔记》记载中的"省油灯"相符（见图版46）。

墓志 温州慈山南宋淳祐十年（1250）叶适墓出土，呈长方形，正面从右至左黑釉篆书"大宋吏部侍郎

图23.龙泉窑青瓷鬲炉（南宋）
口径9厘米　高6.5厘米

图24.龙泉窑青瓷鬲炉（南宋）
口径11.7厘米　高9厘米

图25.龙泉窑青瓷觚（南宋）
口径20.5厘米 底径13厘米 高34.6厘米

图26.龙泉窑青瓷橄榄形鸟食罐（南宋）
口径1.6厘米　高2.5厘米

图27.龙泉窑青瓷鸟盏（南宋）
口径20.5厘米　底径13厘米　高34.6厘米

叶文定公之墓淳祐十年专立"，釉色青绿，釉质厚润透亮，背面不施釉，露灰胎。叶适是南宋时期永嘉学派中止斋一派的重要学者。叶适墓志用龙泉青瓷制作，可能与叶适本人祖籍是处州龙泉有关。

在早期龙泉窑的生产中，人物和动物的雕塑作品极少，1960年出土于龙泉大窑窑址南宋堆积层的三尊人物塑像，十分珍贵，据考证为八仙人物中的何仙姑、韩湘子、钟离权的像。

何仙姑像　通高17.5厘，端坐于山石之上，发挽两垂髻，右衽长袍，斜襟，衣领、腰际系有飘带，右手垂膝，左手执荷枝放至右肩。服饰、荷枝施釉，开细纹片，其余露胎（图28，见图版47）。

韩湘子像　通高18.4厘，端坐于山石之上，头戴方巾，身着博袖宽袍，腰际系有束带，头饰、服饰施青釉，其余开片（见图版48）。

钟离权像　通高18.8厘米，头顶两侧各扎一髻，肩披蓑衣袒胸露腹，裹腿，脚踏草履，服饰施釉（见图版49）。

（2）黑胎类产品

黑胎类的产品，在南宋龙泉窑的厚釉生产中，只占极小的部分。它典型的窑址是位于大窑附近的瓦窑垟，因解放前，盗掘得很严重，堆积已几乎被破坏殆尽。但从目前调查的范围看，烧造的面积小，窑址的堆积较薄。2011年，浙江省考古研究所、北大文博学院、龙泉窑博物馆联合对龙泉窑溪口瓦窑垟窑址进行了发掘，面积500多平米，清理了一大批遗迹和遗物，为龙泉窑黑胎类产品的研究，提供了新的考古资料[5]。据墓葬考古纪年资料，这类黑胎类的产品出土极少，1988年四川遂宁南宋窖藏出土的菜形瓶，北京故宫博物院、上海博物馆收藏有碗、盏之类的小件器。浙江省博物馆收藏有多件完整器和上世纪50年代调查的一批瓷片标本。

黑胎类产品的胎釉，制作工艺非常的细致，它的胎壁很薄，有的釉的厚度甚至超过了胎的厚度，釉质透明度高，有的呈玻化状态。釉色青灰、发暗的色调多见，釉面开片。胎的呈色深，发灰，发黑。质地致密坚硬，俗称"铁骨"。烧造方法：采用垫饼垫烧的方法，圈足刮釉。这形成了黑胎类产品"铁足"的典型特征。由于黑胎类产品胎壁细薄，器物以小型器多见，在这些器物的类型中有日常生活用具，也有陈设品。可以确定的器物种类有双耳炉、觚形器、灯盏（五管）、渣斗、鬲炉、花盆、大盆、扁壶、五管灯等，具体形制分述如下：

---

[5] 吴秋华：《龙泉哥窑》，龙泉人文杂志，2011年。

图28.龙泉窑青瓷何仙姑像（南宋）
高17.5厘米

碗　敞口弧腹，外壁刻有莲瓣，圈足有聚釉现象。

盖碗　圆盖，直口，腹直弧收，小圈足（见图版50）。收藏于故宫博物院的盖碗，器形相同，但外壁饰有凸线刻莲瓣纹。

盘　直口，浅腹，大圈足。口沿尖锐，露紫口，釉色黑褐，釉质透明光亮，开细碎裂纹。

杯　折沿，直腹，圈足。

把杯　直口，弧腹缓收，细矮圈足，安有环形把柄，柄上覆以如意形挡片，口沿与圈足足端有刮釉的痕迹，呈赤紫色，形制有大小之分（见图版51）。

唾壶　宽展沿若盘形，束颈直腹，圈足。（见图版52）。

觚形瓶　叭形口，长身，束腰，圈足。器壁较厚，大小规格都有。

琮形瓶　仿玉的琮形器，柱体，内圆外方，大小形制均有。

长颈瓶　圆口，长颈，圆弧腹，圆足。南宋官窑和龙泉窑白胎类中有相同类型。

菜形瓶　侈口，口沿呈六出花瓣状，长颈作弧线内收，器身为六棱，圈足呈花瓣外撇。是黑胎类产品中较常见的器物，但釉色好的不多（见图版53）。

净瓶　直口，细长颈，颈下部有一圈凸环，腹鼓内收，瓦窑垟窑址出土，为三件器物黏在一起，是同一窑具内合烧所致（见图版54）。

鬲炉　敞口折沿，束颈鼓腹，出筋从颈部延至三足。内底的形制有平底，或弧底三足内凹，形成空足。形制上与白胎类产品相类同，但规格上以小件器多见（图29）。

五管灯　灯盘为折沿敞口，直腹，大圈足。内置有五管，每管近底处都有一孔，作穿灯芯之用。

渣斗　敞口，短颈，扁圆腹，形制小，与白胎同类产品相同。

扁壶　长颈，扁腹，耳为灵芝形，造型小巧雅致。

2011年，浙江省考古研究所、北大文博学院、龙泉窑博物馆联合对龙泉窑溪口瓦窑垟进行考古发掘，清理了一批遗迹和遗物，其中编号Y1的为宋代窑址，有黑、白两种器物标本，但大部分是黑胎标本。发掘者称，在少量的白胎标本中，器物类型有葵口碗、贯耳瓶、琮式瓶、鬲炉等，其中有一件印有"河滨遗范"铭文的碗，因白胎中有同类型的器物，而该铭文最早（1159）有纪年墓出土，而有些对这类黑胎的产品出现的年代，推

图29.龙泉窑青瓷黑胎鬲炉（南宋）
口径8.7厘米　高6.4厘米

测为南宋早期。在随后考古调查的龙泉小梅瓦窑路出土的器物有盘，形制多样，有八角、花口、圆口，碗类有八角碗、圆口盖碗，瓶类有长颈、盘口、槌形，炉类有鬲炉、鼓钉炉，其他器物有渣斗等。在小梅出土了大量的素烧坯[6]，随着新考古资料的发现，对龙泉窑黑胎类的产品，除性质上的探讨外，对这类产品的始烧年代，提出了新的见解。但从龙泉窑黑胎类产品看，种类上无型式可分，基本上是在同一个时期生产的，因为黑胎类的器物类型，大部分与龙泉窑白胎类的器物类型相同，如五管灯、菜形瓶、把杯、渣斗、觚式瓶、琮式瓶等一系列器类。从装烧方法上可以看出，垫饼的瓷土质地和垫烧方式均相同，特别是一些小盏，采用覆烧的方法，使口沿部分露胎形成芒口。我们认为黑胎制品盛行的时期，应该和南宋时期厚釉白胎共存阶段为主。1986年杭州老和山浙江大学邵逸夫科学馆工地宋墓出土的青瓷盖碗[7]，圆盖，直口，腹近底处弧收，矮圈足，薄胎厚釉，釉色青灰，冰裂纹开片，是少有的出土于墓葬的黑胎类器物，四川南宋遂宁窖藏同时出土有同一形制的菜形瓶。黑胎的装饰较少，开片成为了主要的装饰，纹样只有一种凸起的出筋状莲瓣，收藏于故宫博物院的莲瓣纹盖碗，与江西省寒山杨村宋墓（1263年）出土的青釉刻花执壶，小口，丰肩，肩部饰弦纹一周，下腹饰有的出筋状莲瓣相同，也为这类黑胎产品的时代作一参考。对于这类产品确切的始烧年代，则需要更多的资料加以考证。

（3）白胎与黑胎的关系

明清地方志和一些鉴赏家书中，提到了龙泉窑中有"哥窑"和"弟窑"之说。数十年来，据有关专家考证，"哥窑"和"弟窑"的说法，完全是由模糊到清晰，随着时间的推移，由后来的人逐渐完善起来的。但有一点是一致的，即它们都与龙泉窑相联系，虽然今天人们对这两种类型的产品之间的关系还没有十分明确的认识，但根据对龙泉窑窑址的调查和发掘表明，在南宋的龙泉窑存在两种不同类别的厚釉产品，却是客观存在的事实。把这同一地区、同一时期烧造的两种产品进行比较，根据陶瓷胎釉化学成分的测定研究，以及在制瓷工艺和器物种类的组合上存在着区别，可以说明两者窑场的产品是根据不同对象而生产的。对黑胎类产品生产性质的推测，长期以来也是学术界探讨的问题。黑胎类的产品从工艺上说是精雕细作。如果单纯从商品盈利为目的，似乎不需要这样从工艺上多道工序来制作，这不符合商品生产的经济规律。与厚釉的白胎产品相比较，不仅是胎釉特征区别明显，连器物的种类也不同。具体表现在：

胎釉 同为厚釉薄胎类型，胎釉厚薄的对比程度，黑胎类产品更明显，有的釉甚至超过了胎的厚度，胎呈紫褐色，胎质坚硬，釉色暗黄的基调多。釉质光泽透亮，开有大小不一的纹片。白胎类产品，胎色白中带灰，胎质细密，釉色纯正，以粉青和青绿釉为主，釉质润泽内蕴，无纹片。

器物类型 白胎类型与黑胎类型相同形制的品种有：碗、盘、把杯、渣斗、浅盘状五管灯、鬲炉、菜形瓶。黑胎类产品因为胎壁非常薄，大件器物少见。有的器物形制相同，却大小有别。一些有特色的器类，如如意耳的小扁壶，是不见于白胎类产品的。

装烧方法 烧造的方法都采用垫饼烧造法，垫饼瓷土制作，垫在圈足底端，圈足端刮釉露胎，烧成后白胎为"朱砂底"，黑胎类呈现"铁足"。由于黑胎类产品的窑温较高，常有器物与垫饼黏连。在一些小盏、把杯之类的器物，装烧方式上都采用覆烧法，因此烧成后白胎类产品的口沿和足沿呈相同色，黑胎类产品称为"紫口"。

南宋是龙泉窑发展历史上最重要的一个时期，也是一个制瓷工艺的高峰。近半个世纪以来人们对龙泉窑窑址进行了大量的考古调查和窑址发掘，基本摸清了龙泉窑窑址的分布范围和各时代产品的特点。考古调查和发掘的资料表明，南宋中晚期后的龙

---

[6] 吴秋华：《龙泉哥窑》，龙泉人文杂志，2011年。
[7] 《浙江考古精华》，浙江文物考古研究所编，文物出版社，1999年10月。

图30.龙泉源口Y16发掘全景【源口窑址位于现隶属于龙泉市双平乡。1982年浙江省文物考古研究所发掘。】

泉窑，不是所有的窑场都烧同一种类型的产品，根据原料、技术等诸多因素而有所选择。不同类型的产品，可以视为在不同窑区出现，由此表现为产品类型上的多样化。从工艺制作，到产品种类和器物类型，都呈现多样化的态势。"厚胎薄釉"和"薄胎厚釉"两类产品虽为共存，但从胎釉工艺上的不同，到器物的类型等诸多方面，两者是不对等的，对龙泉窑多年的考古调查和发掘的出土产品可以说明。以龙泉东区为例，具体的地理位置上，包括云和县龙门乡紧水滩以西至龙泉以东六公里的梧桐口村，是龙泉窑窑址分布非常集中的重要青瓷产区之一[8]，代表的窑址有安仁口窑址、安福窑址、山头窑址、大白岸窑址、源口窑址（图30）、上严儿窑址等，由于生产成本低，继续烧造前期传统工艺的薄釉产品，它的产品种类主要是一些日常生活用品，碗、盘之类的。而龙泉窑以金村、大窑窑址为代表的烧造的中心区域，以烧造厚釉薄胎为主，大量创烧的仿古器类，制作精良，代表着龙泉烧制艺术的高峰，创新的厚釉以精美的白胎类和黑胎类产品而著称。但两类产品在同类型的器物上从器物的形制到装饰特点基本保持一致。从盛行的内壁刻画纹样的装饰，演变为外壁深刻中棱挺拔的半浮雕式的莲瓣纹。半浮雕的莲瓣纹成为共同的装饰，但由于制作工艺、胎釉特征和烧造方式的不同，同样的莲瓣纹碗、盘，最大的区别表现在圈足部分的处理，由于厚釉产品的垫烧为

---

[8] 《龙泉东区窑址发掘报告》，浙江文物考古研究所编，文物出版社，2005年6月。

垫饼，但它是垫在圈足足端上，因此，沿圈足足端一周无釉。而传统工艺生产的产品，虽然也采用垫饼烧造的方法，但它是垫放在整个圈足底上，所以圈足宽扁，均露胎不施釉。传统的薄釉产品，大部分的器类局限于碗、盘类，一些传统的器类如五管瓶、龙虎瓶等，也采用了新的厚釉薄胎的制瓷技艺，体现了鲜明的时代特色。

2. 南宋龙泉窑厚釉产品与南宋官窑的关系

一般认为南宋龙泉窑厚釉产品的出现与南宋官窑有密不可分的关系，但它们究竟在哪些方面相同和存在差异？南宋郊坛下官窑在先后经过二次大规模的发掘后，出土了大量的实物标本，可以分为两个不同的时期，前者是薄釉厚胎而用支钉烧造，后者是厚釉薄胎而用垫饼烧造，而龙泉窑的厚釉产品只具有薄胎厚釉垫饼这一类与第二期的产品表现出许多相似之处，因此确切地说是与南宋官窑的第二期存在可比性。

（1）龙泉窑白胎类器物和南宋郊坛下官窑器物的比较

胎釉 在工艺上都采用多次素烧、多次施釉的生产工序。龙泉窑的胎色呈浅灰和白，釉色粉青和青绿，与南宋郊坛下官窑的釉比较，明显更光亮。南宋官窑的胎色灰，釉色粉青和青灰，乳浊性强，釉质精光内蕴，润泽温雅，釉色青绿基调基本不见。

造型与装饰 龙泉窑以深刻的莲瓣为主要装饰。官窑主要以自然开片为装饰，开片是一种烧造过程中由于胎釉膨胀系数的不同形成的工艺缺陷，官窑以大开片多见。龙泉窑的白胎类产品基本不见有开片。

碗、盘、杯、洗等日常生活用具，以及有些仿古类的炉、瓶、簋，两窑都有生产；在对郊坛下官窑的发掘中出土的精雕细镂、构思巧妙的鸭形香薰炉等一些奢华的用品，不见于龙泉窑白胎类产品。

装烧方法和制作工艺 两窑都采用垫饼垫烧的方法。南宋官窑的发掘出土了大批的器物，有许多是碗、盘之类小件器日用品，圈足修旋细致，烧成后它们的圈足十分的规则，不变形。官窑的生产制作十分的精致，器物从颈部的转折周正等一些细部的处理，都可以看出官窑生产中每道工序严格的操作。龙泉窑由于垫饼与瓷胎的膨胀系数不同，或是薄胎容易变形，龙泉窑产品的圈足很少有规则的，这是两窑产品较为明显的区别。

（2）黑胎类产品和南宋官窑的比较

谈到龙泉窑的黑胎产品，往往涉及南宋官窑，一般认为黑胎类产品更接近南宋官窑的产品面貌，因此两窑有许多的相似性。以下我们就两窑的厚釉薄胎类产品，在釉色、纹片、器物类型及烧造工艺方面，作些比较。

胎釉 郊坛下官窑产品以灰青釉为主，有粉青及米黄色，在质感上乳浊性好，精光内蕴，胎质根据胎色烧造的釉色，表现为细腻致密和疏松脆软的程度。龙泉窑的黑胎类产品，釉色不纯，色调偏暗，表现为青中闪灰或青绿相间，少有纯正的粉青釉。质感上透影性好，玻质感强，有许多器物釉层内布满透明的小气泡，胎质一般较为坚硬。胎色呈紫褐，俗称"铁骨"。

纹片 由于胎釉膨胀系数的不同，在烧造过程中形成了千差万别的裂纹，而成为了一种自然的装饰。釉色的不同，也相应表现为不同的开片形式，郊坛下官窑的产品，有细碎的小开片，或较为稀疏的大开片，但总体上一致，即开裂度浅。龙泉黑胎类产品开片形式有两种，一种是大开片，开裂度较深；另一种开片较小，有的在开片处呈现有浅黄色筋丝一样的短线。

器物类型 比较两窑的产品，日用的碗、盘类，以及觚形器、鬲式炉、鼎式炉、把杯、瓜棱瓶等器物，两窑都有烧造。在龙泉窑黑胎的产品类型中，有一类特别小的器物，如小瓶、小水盂、小扁壶、渣斗等，不见于南宋官窑。

制作工艺 两窑都具有厚釉薄胎的特性，都采用多次施釉、多次素烧的生产工序。

南宋官窑的匣钵有钵形、盆形、罐形等，适合不同的器物种类的烧造，瓦窑窑址仅见M形的匣钵。

如果我们把两窑的瓷片分开堆放，即会看到一个非常有趣和值得注意的现象：郊坛下官窑的瓷片断面，整齐划一，非常规则；而龙泉窑黑胎类产品的瓷片断面，则支离破碎，参差不齐，形成完全不同的断层现象。中国科学院上海硅酸盐研究所的专家，曾对南宋郊坛下官窑与龙泉窑进行过陶瓷学基础研究。通过研究得知其有两个方面的原因。1. 胎釉成分的不同。根据测试，郊坛下官窑和龙泉窑黑胎类产品，在化学成分上有很大的差别，釉的成分虽然较为接近，但形成玉质感的CaS_2（钙长石）的体积百分率，两窑有所差异。南宋郊坛下官窑的产品大部分为10%～30%，而龙泉窑黑胎类产品的含量则仅大于5%。这应是龙泉窑黑胎类产品较为透明的主要原因。2. 窑温掌握的不同，一般认为，窑温掌握在1200～1270℃之间，能烧出较为理想的釉色，郊坛下官窑的釉色较为纯正。而从龙泉黑胎类的产品看，大部分存在过烧的现象，由于釉的完全熔融，从而使玻璃化程度提高，光泽度增强，同时也增加了黝暗的色调，龙泉窑的黑胎类产品，不管是粉青、青灰还是黄绿，其偏暗的色调却基本一致的。过烧还产生了其他一些现象，如开片的增多、增大、增深。因此在破碎处，往往由于开片而使大块的釉层剥落，从而形成与郊坛下官窑瓷片断面不同的面貌。

（3）龙泉的黑胎类产品与传世哥窑的比较

这两类产品的称呼接近，产品的类型区别却很大，龙泉窑是薄胎厚釉，传世哥窑的产品是胎较厚，釉薄，它的产品种类是以仿古造型为主，很少有日常用品，釉的呈色不定，浅色居多，乳浊感强。胎色不一，烧造的火候较低，在氧化焰中烧成。开片为有意着色。支钉烧造。基本上与南宋龙泉窑的黑胎产品，无相同可比之处。

早在60年代上海科学院硅酸盐研究所科研工作者，曾对南宋官窑和龙泉黑胎类产品、传世哥窑青瓷、景德镇仿哥窑青瓷进行了比较，下面是它们的分析数据。

我们把这些产品进行比较，说明这些产品相互之间有许多的可比性，一般认为南宋龙泉窑厚釉产品的

釉的化学组成

名称	氧化硅	氧化铝	氧化铁	氧化钙	氧化钾	氧化钠	氧化锰
龙泉青瓷	65.31	16.61	0.83	12.24	3.75	0.45	0.08
官窑青瓷	62.75	16.02	1.14	14.61	3.01	0.23	0.40
哥窑青瓷	66.72	16.46	0.78	8.38	4.46	1.85	0.24
仿哥青瓷	71.22	16.89	0.64	3.34	3.49	3.57	

胎的化学组成

名称	氧化硅	氧化铝	氧化铁	氧化钙	氧化钾	氧化钠	氧化锰
龙泉青瓷	61.37	27.98	4.5	2.87	3.74	0.38	0.2
官窑青瓷	68.99	22.21	3.57	0.82	3.51	0.33	0.03
哥窑青瓷	64.33	25.97	3.31	0.42	2.68	0.74	
仿哥青瓷	69.96	24.08	1.21	0.29	3.01	1.45	

面貌是仿官的结果,在明清文献的记载中,涉及龙泉窑的产品较多,如明《格古要论·古窑器论》记载:"古龙泉窑在今浙江处州府龙泉县,今日处器、青器、古青器。土脉细且薄,翠青色者贵,粉青色者低。有一等盆,底双鱼,盆口有铜掇环,体厚者不甚佳。"

明著名养生学家高濂《遵生八笺》卷十四也有记载:"定窑之下而龙泉窑次之,古宋龙泉窑器土细质薄,色甚葱翠,妙者与官窑争艳,但少纹片,紫骨铁足耳"。

明代张应文的《清秘藏》也说:"龙泉豆绿者,与汝窑大致相同,往往易于相混。今为析之,汝胎色粗而略糠,龙泉坚而且细;汝釉薄而清,龙泉釉厚而混;汝无釉之处,色如羊肝,龙泉无釉之处,色如瓦屑;汝釉上有光,透脱如料,龙泉釉上无光,滋润若玉;汝多有鱼子文,少有蟹爪文;龙泉间有蟹爪文,绝无鱼子文,其相异之点在此。"

这些文献中提及的龙泉窑产品,绝大多数为南宋中后期的这路厚釉产品,对它赞美的评定标准,往往与官窑、汝窑相比较,也说明了,与官窑、汝窑品质上的相仿,它代表了这一时期龙泉窑烧造历程中最高的制瓷技艺术,龙泉窑的产品完全可以与南宋官窑相媲美。

有宋一代,统治者为了维护封建政权,推崇的哲学思想是理学,建立封建礼制的伦理纲常。因此对史学的研究,远远地超过了前代,金石学也油然兴起,从古文献的考证扩大到古金石器物搜集。宋代的"复古"倾向表现在各个不同的领域,人们对古代的思想理论、古代的器物都倾注了极大的热情,当时就编辑出版有许多古器物集录,有宋初的《三礼图集注》,宋时有《先秦古器图》一卷;吕大临作《考古图》十卷,李公麟作《古器图》一卷,王黼于北宋政和年间撰《宣和博古图》等。在社会上形成了崇古、慕古、仿古的风潮。随着北宋商品经济的发展,手工业中各地的瓷业生产竞相争辉,名窑迭出,日益受到朝廷的重视,玉器、青铜器这些在中国古代社会中占有重要地位的礼器,在宋代复古的浪潮中,有了再现历史辉煌的新载体。用商、周青铜礼器为摹本,烧造出的瓷器产品,具有了类同青铜礼器的古朴凝重。这些历史背景和社会基础,成为通常意义上的宋代官窑产品的造型来源。南宋时期的官窑和同时期的龙泉窑的厚釉产品,不管制瓷的工艺、烧瓷技术,还是一些器物的种类,都存在相同的地方,恐怕不是一个仿字可以简单说明的问题。龙泉窑作为一个民窑,可以学习和吸收同时代官窑的制瓷生产技艺,烧造官窑的产品类型,是在南宋时期这个特定的历史条件下形成的局面。宋室南渡以后,苟安江南。政治上和军事上十分的羸弱,手工业和商品经济却有进一步发展,龙泉窑的烧制,既有为宫廷祭祀所需,更多的是为了迎合社会各阶层延续于北宋的厚古风尚。龙泉窑这一时期所烧造的产品表现与官窑产品的一致性,这在中国的瓷业发展史上是一个特殊时期。从制作工艺和产品的类别上融溶了当时官窑和民窑的界线。因此这一时期龙泉窑表现的陶瓷艺术不仅仅是纯粹民间装饰艺术的体现。南宋龙泉窑,大量地烧造已收录于《考古图》中为摹本的炉和瓶,龙耳簋式炉模仿了青铜簋的形制,庄重大气。特别是琮形器,我们知道,玉琮是新石器时代良渚文化最有代表性的器物,它经过三代的演变,确立为"天圆地方"的概念,是我国古代重要的礼器,在它漫长的发展演变过程中,器物的造型局部是有所变化的,而龙泉窑烧造的玉琮,模仿的是良渚文化时期的玉琮造型。

在青瓷的发展史上,唐五代的越窑产品,同时代的文人墨客们对这些器物书写了大量充满诗情画意的诗篇,对它们的美感发出了赞叹,其中有"如冰似玉"来比喻釉的质感。今天看来这时候的越窑产品远没有达到玉的水平。玉这种集山川之精英的美石,在中国历史上,有着非同寻常的意义,对玉的崇尚表现在追求釉的质感上。南宋龙泉窑烧造工艺上的成就,真正达到了炉火纯青的境界,它把釉的色泽、质地发挥到了极致,达到了美玉的效果。南宋龙泉窑的釉和造型的完美结合,更多的是当时社会文化思潮的一种反映,龙泉窑的产品自它的创烧伊始,以日常生活用品、随葬品为主要功能。南宋时期的厚釉产品,创烧了许多仿古的器物,具有祭祀、陈设功用。因此龙泉窑在不同的历史时期,它的装饰艺术所表现的文化层面是不同的。南宋龙泉窑的厚釉产品,追求的是一种敦厚、淡雅、含蓄的境界,它是中国文人传统的审美情趣,也是南宋时期风行的美学思潮，更是开创了陶瓷美学的新意境。如果说，北宋时期的复古思潮中，出自于北宋官窑的仿古器物，是满足统治者展出古器以示百官[9]，还仿制祭器赐给臣下[10]。而南宋龙泉窑产品的复古倾向更多的是表现在文化领域，渗透在日常生活中。也许人们从这些反映着传统文化的古器物中，在当时的历史背景下，追求着一种心灵上的慰藉。

南宋龙泉窑的厚釉产品，不管是在这一时期特有的梅子青和粉青，还是制瓷工艺上的瑕疵，都达到了妙若天成的艺术境界，以其温润如玉的粉青和青绿莹润的梅子青釉令人叹为观止。同时南宋龙泉窑又是青瓷造型艺术的高峰。在瓶类中模塑的凤耳、摩羯（鱼龙）耳、贯耳，具有优美的弧线，安置于简洁直线的瓶身，达到了形象与器体的均衡与和谐，同时深含吉祥的寓意。成对出现的堆塑龙虎瓶，龙的矫健、虎的生威，与典雅含蓄的梅子青釉，强烈地表现出沉静和动态的统一。大批的仿古类器物，把中国传统礼仪用玉的质感和青铜礼器的造型有机地结合起来，既充满了古朴典雅的美感，又蕴含了深厚的文化内涵。前述出土于龙泉大窑南宋堆积层的一组八仙塑像，从另一个侧面反映了南宋龙泉窑精湛的造型艺术。这组人物塑像，据考证是家喻户晓的八仙故事中的何仙姑、韩湘子、钟离权像。南宋时期市民阶层扩大，临安是戏艺集中的地方，八仙题材的戏剧出现在当时的舞台上。八仙的传说，最早起于晚唐，多见于唐宋以降文人的记载，直至明吴元泰小说《东游记》的集成之作，流传久远，众说纷纭，有一个逐渐演绎的过程。这三尊八仙人物塑像，应该是取材于当时社会流行的形象。在人物塑造上，注重内在气质的刻画，仪态端秀的何仙姑像，神情安适娴雅。相传韩湘子由白鹤修炼成人，故其像面容俊朗，神态犹如野鹤闲云。钟离权，又名汉钟离，相传系上仙守牛童子转世，他的塑像最为奇特，留有络腮胡须的面容，却梳有"鹁角儿"的发式，这是我国古代最常见的儿童发型，式样活泼，活脱脱一个老顽童的扮相。汉钟离的表情，既含有天真，又透露出狡黠的微笑，十分的传神。三位仙人的着装，线条简洁，褶皱圆转流畅，系结飘带富有动感，以山石为基座，在造型中起到均衡和稳定的作用，作者刻意捏塑出山石玲珑剔透的质感，瘦骨嶙峋、云气萦绕的山石，使得端踞其上的人物更显得仙风道骨、超凡脱俗，从而起到了深化主题的效果。南宋时期龙泉窑的厚釉产品，不管是人物的雕塑作品，还是日常的生活用品，都充分体现了它的艺术魅力。即便是采集于窑址的那些堆丘如凝脂的厚釉残瓷碎片，摩挲其间，也依然留有无穷的回味，令人遐思不已。

五、蒙元朱明　民窑巨擘

元灭宋后，南方的封建经济基本上没有受到破坏。这就为龙泉窑生产的持续性发展提供了条件。由于元代疆域的扩大，中外交通发达，造船业得到发展，海外贸易往来的需求增强。浙江的宁波、温州都是当时的主要港口，对龙泉窑烧造地域的扩展有直接的影响。龙泉窑产品的运输水域便利，大大地促进了龙泉窑的生产发展。为了适应激增的需求，沿瓯江流域建立了许多窑场，丽水地区有缙云、云和、遂昌、庆元等，温州地区有永嘉、文成、泰顺、苍南。这一时期不仅烧造的范围广，每个窑场的规模也十分的庞大。各个窑场的遗存堆积厚度也十分的丰富，元代龙泉窑瓷业生产规模的扩大，窑炉的设计更加合理，加之成型技术上大件器物的烧制成功，都在南宋龙泉窑的基础上有所发展，龙泉窑被称为"民窑之巨擘"。龙泉窑在元代的进一步发展有深刻的社会背景，在这一时期，中国的瓷业格局也发生巨大的变化，改变了有宋一代名窑林立的局面，逐渐形成了以龙泉烧造青瓷、景德镇烧造青花瓷为代表的两大瓷业中心。元代龙泉窑是在南宋龙泉窑高度发展的

---

[9] 《宋史》卷21"徽宗本纪"三，中华书局。
[10] （宋）李心传《建炎以来系年要录》，中华书局，1956年版。

基础上再持续发展的，龙泉窑并没有因为王朝的更替而衰落，随着社会的稳定、社会生产力的发展，特别是海外市场的开拓，元代龙泉窑创烧出许多适用于当时社会的生活习俗和审美意趣器物种类，同时为海外各地区而生产的产品也应运而生，因此器物上产品种类丰富多彩，在类型上花色品种繁多，装饰手法和纹样题材相得益彰。特别是露胎装饰技法的创新，突破了单一色釉的装饰，大大地丰富了陶瓷艺术，成为龙泉窑发展历史上一个全盛时期。元代，我国的瓷业工艺有许多的创新，特别是二元配方的胎釉特征，使大件器物的烧造成为可能，在器物的制作水平上，整个龙泉窑的生产形成了较为统一的质量标准，在不同的窑区，产品间的差距不大，传统装饰技法和创新技法在元代龙泉特有的胎釉上得到完美的体现。它的器物造型雄浑敦厚，气势博大。器物种类有碗、盘、杯、盏、洗、瓶、炉等。在同一种器类中，有不同的形制，在同一种形制中，有大小不同的规格。大批量的生产数量，相同的质量水准，龙泉窑的产品是完全根据国内和海外市场的需求而烧造。元代的龙泉窑在中国的青瓷史上，无论是烧瓷的工艺还是装饰的手法，无论是器物的品种还是器物的类型，乃至广泛的纹样题材都集大成，把中国的青瓷制造业推向了一个新的高峰。

元代早期龙泉窑的产品，考古资料中有出土于杭州的元代（1305）鲜于枢墓中的炉（见图版55）、贯耳瓶（图31）等器物，从南宋的一些延续产品的釉色和造型上可以看出，元早期龙泉窑基本上延续了南宋晚期龙泉窑制作工艺和产品风格，因此在龙泉窑烧造历史的分期上，一般与南宋晚期归属为同一期。

元代中晚期的龙泉窑考古资料十分丰富，在浙江省境内龙泉窑烧造的分布地域十分广阔，各处窑址的堆积非常丰厚，通过几十年来的考古发掘和调查，出土了大量的器物标本。在全国各地元代中晚期的窖藏中出土了大批的龙泉窑完整器物。特别是1976年发现的韩国新安海底沉船中装载有大量的龙泉窑瓷器，为我们认识元代龙泉窑产品的时代特征、装饰风格提供了众多珍贵的实物资料。元代中期以后，生产的逐步恢复、商品经济的进一步发展、市民阶层生活意趣的要求，特别是中外交通的发达、外来文化的影响，使龙泉窑的产品风格和装饰手法，都有了新的发展趋势。经过了南宋时期龙泉窑的工艺高峰，从制瓷技术上为龙泉窑在新的历史阶段的飞越，创造了前提条件。元代龙泉窑的产品吸纳多元文化的因素，形成了独特的时代风格，表现在：

1. 胎釉特征 元代龙泉窑与南宋龙泉窑相比发生了很大的变化，由于胎釉成分和生产工艺的改变，元代龙泉窑的产品由薄胎厚釉演变为胎壁厚实，胎色较白，质地细腻，釉色青绿，色泽清亮的厚胎厚釉。

2. 制作工艺 元代龙泉窑大件器物的烧制成功，器物的圈足变大、变厚。早期沿袭南宋龙泉窑的做法，仍使用垫饼的烧造方法，表现在圈足的端沿刮釉露胎，圈足较小，胎壁薄。由于元代中晚期龙泉窑又改用垫圈垫烧，圈足包釉，在器物的圈足内底部分都留有垫圈的痕迹，露有赭红色，俗称"火石红"。瓶类中的玉壶春、葫芦瓶、荷叶形盖罐，这些大型器物的底部，因为在成型工序上，器底是器身成型以后再黏接上去的，因此圈足底部留有二层台的制作痕迹，越到后期，圈足的露胎部分的修坯及二层台的痕迹越粗率。八卦炉、鼓钉炉等器物的底部突出，形成三足悬空的做法。在一些小罐的器物上，胎体合模而成，器腹有明显的接痕。

3. 器物类型 产品种类繁多，一些是继承南宋龙泉窑创烧的延续产品，继承了南宋的器物特点。更多的是根据当时生活习俗和审美情趣创烧出来的器物，有瓶、罐、盘、碗、觚、壶、香炉、蔗段洗、碟、盂、洗、把杯、砚滴等。元代中后期器物群是以大碗、菱边形大盘、高足杯、蔗段洗之类器物组成。造型的特点是气势博大、敦厚凝重。

常见的器物分述如下：

碗 一类为早期莲瓣碗的延续类型，变化表现在腹斜弧，小圈足，外壁深刻的莲瓣纹狭长，近底处骤收。另一类为俗称墩子碗的造型（图32），直口，垂腹，大圈足，内壁装饰疏朗的纹样。用刻画和阴印的手法。另一种荷叶状的碗，内底伏卧一小龟（见图版56）。辽宁省建昌县元至元三十一年（1294）李伯宥墓出有龟心荷叶碗，小圈足，圈足沿无釉，圈足内底有一小突点，仍然为垫饼垫烧法。这类产品的流行时间为元代早期。

图31.龙泉窑青瓷贯耳瓶（元代）
口径3.8厘米 底径5.9厘米 高16厘米

图32.龙泉窑青瓷碗（元代）
口径21.2厘米 底径7.5厘米 高8.6厘米

杯 一式是八瓣口，器身相应为八角，小圈足。

二式为直口，腹微弧，小圈足，内底模印梅花一朵。其中第二类的梅花杯，在浙江省博物馆收藏的这类产品中，有一件与鬲炉黏烧在一起。这一期的鬲炉与南宋的同类产品已有变化。（见图版57）

敛口钵 敛口，斜腹，外壁刻画莲瓣纹，小圈足。与南宋龙泉窑同类产品相比，器型变大，莲瓣细长。

双鱼洗 是早期龙泉窑的延续，数量较多，宽沿，外壁刻有莲瓣纹，内底粘贴有首尾对置的双鱼。有的在口沿部位有对称四小圆孔。

蔗段洗 是元代龙泉窑新出现的器物种类。口腹部做成连续的半弧形，腹中间饰弦纹一道，形如一束蔗段，故俗称"蔗段洗"（见图版58）。

高足杯 又称马上杯，根据北方民族的生活习俗创烧的器物，杯身多作敞口、垂腹、上小下撇的高足，光素无纹多见，有的刻画数道弦纹。杯身无统一的定制，纹饰与碗、盘类相同（见图版59）。

匜 一种酒具，杨之水先生考证称之为马盂[11]，浙江省泰顺元代窖等出土了素面的玉壶瓶外，也出土有匜、高足杯等，可知这些器物是当时共通的一种饮食器组合[12]。

凤尾瓶 形体较大，敞口、束颈。鼓腹，颈部为瓦楞状弦纹、中腹部是主题纹饰，刻画缠枝牡丹纹，近足以上承以狭长形莲瓣。根据器物的大小有三层或四层纹样的区别（见图版60）。收藏于英国大维德基金会博物馆的"泰定四年"铭凤尾瓶，瓶口内沿刻着一圈楷书铭记，"括苍剑川琉山蒿山社，居奉三宝弟子张进成，烧造大花瓶一双，入觉林院大法堂佛前永充供养，祈福保安，家门吉庆泰定四年丁卯岁仲秋吉日谨题"。

贯耳瓶 出土于杭州元大德六年（1302年）鲜于枢墓，是南宋龙泉窑

---

[11] 杨之水：《奢华之色——宋元明金银器研究》卷三，中华书局2011年。
[12] 小林仁：《国宝飞青瓷花生考——传到日本的元代龙泉窑褐来斑青瓷》，见《龙泉窑研究》，故宫出版社，2011年。

图33.龙泉窑青瓷玉壶春瓶（元代）
口径7.8厘米　底径8.5厘米　高26.5厘米

的延续产品，直口平唇，长颈，颈上部安有一对贯耳，腹圆鼓，矮圈足。

双环瓶　是元代龙泉窑的大宗产品。形制为盘口、长颈、垂腹、圈足外撇。颈部饰有凸弦纹，并对称置有龙口衔环，及双环相扣的式样，同一形制的器物，有的主题纹饰有模印或贴花的缠枝牡丹纹。有的全器饰有瓦楞直线纹，有的饰有点彩，俗称"飞青"。这类产品是大小规格都有。（见图版61、62）

双耳瓶　与南宋龙泉窑制作的精美同类产品相比，器形变小，双耳演变为灵芝（见图版63）

玉壶春瓶　沿袭了宋代瓶类清秀的造型特点，为敞口、颈部瘦长，腹呈椭圆形、圈足。元代龙泉窑这类器物形制相同，装饰手法有光素无纹和全器缀满点彩（图33）。

长颈瓶　新安海底沉船出水有云龙纹长颈瓶（见图版64）。北京元墓出土有相同的龙纹长颈瓶，龙泉墓葬出有云凤纹瓶（见图版65）。

净瓶　这一时期形制与前期相同，器物的规格大小不一，同时增加了一个四面镂空的底座相配。有的器座与器身黏连（见图版66）。

葫芦瓶　形如上小下大的束腰式葫芦，有的通体光素无纹，有的饰有牡丹纹贴花。

觚式瓶　模仿青铜器造型，喇叭形侈口，细腹，中腰处凸围宽弦纹，下腹外撇，圈足，釉色青绿，釉质纯厚。南宋中期以后，随着龙泉窑厚釉工艺的成熟，为迎合当时的仿古风尚，烧制了许多移植借鉴青铜礼器造型的器类，觚即是其中的一种。元代龙泉窑的瓿形器，较早期龙泉窑的形制要大许多（见图版67）。

炉 元代龙泉窑炉的形制非常多，有樽式炉，直口、内折唇、筒腹；兽足炉，贴花牡丹纹、八卦纹、缠枝牡丹纹、鼓钉等纹样；有鼎式炉（见图版68、69、70）。

罐 荷叶盖罐是元代龙泉窑的大宗产品，直口、广肩、鼓腹。纹样不同，有刻划花、有直棱形线条纹。收藏于浙江省博物馆的龙凤纹罐较有特色，腹部刻画龙凤纹，线条刻画流畅，造型敦实（见图版71）。另一类为形制非常小的罐，有双系和无系之分，有的器腹模印花卉和龙纹，器腹合模而成，外销产品中多见。

花盆 一类为渣斗式花盆，敞口、外沿饰有荷叶边。下腹弧收，大圈足，外底有一圆孔，是南宋器物类型的延续产品，一类为六边形，每面饰有印花的纹样，是元代龙泉窑新出现的器物。

大盘 是元代龙泉窑的大宗产品，多为板沿，有圆口、菱花边二种，坦腹，大圈足，圈足内底留有火石红的垫圈痕。其中大部分以圆口为主，菊瓣纹是大盘早期的特点，内底刻画的纹样疏朗，简洁流畅。有的模印、贴花有各种图案（图34，见图版72）。从器底的垫烧方式，可以看出早期为垫饼，圈足端沿有刮釉的痕迹，中晚期为垫圈烧造。

扁壶 收藏于英国大维德基金会艺术博物馆的一件扁壶，小口，方腹，模印有龙纹的图案。收藏于浙江省博物馆的扁壶形制有所不同，造型模仿方壶，瓶体精巧。（见图版73）

砚滴 是一种文房用具，形制多样，有舟形、人物形、鱼形、童子牧牛形。一般用模具制作，合拼而成。其中以收藏于浙江省博物馆的舟形砚滴最为精致独特（见图版74）。

人俑荷叶灯 新安海底沉船内出有女俑荷叶灯，龙泉博物馆收藏有男俑荷叶灯，服饰华美，构思精巧，是一种实用和美观相结合的器物。

粉盒 扁圆形、器盖上以模印多见。阳印各类花卉纹样。器表的釉层往往聚集较厚，釉色清亮。

仿生类的器物 有瓜杯（见图版75）、南瓜小壶（见图版76）、蒜头壶（见图版77）等。

元代龙泉窑创新了许多器物种类，同时也传承了前期的器物造型，南宋时期，金银器器类中，"作功杯的桃杯和瓜杯都是祝寿风气下流行起来的流行样式[13]"，在元代龙泉窑器物中桃杯和瓜杯都有烧造，即是借鉴了不同材质器物流行样式。

观音像 元代龙泉窑塑像中以观音像多见，面部用露胎技法，姿态不一，昌平县出土收藏于北京博物馆的骑狐观音像最为精美。

人物塑像 新安沉船出水的人物像（见图版78），收藏于浙江省博物馆的道士像，头束高髻身着宽衣长袍。右手执蒲扇，单腿盘坐。面目端庄。釉色青绿，部分露赭红胎（见图版79）。

元代龙泉窑的青瓷制品是当时海外贸易的大宗货物，它以浓郁的民族风格，深受各国人民的喜爱，在这些外销的器物中，有一些则是专门为海外地区定向制作的器物：器物的种类是一些小罐、小壶、小双耳罐等，高度一般在5~10厘米之间，口有直口、唇口两种，鼓腹、底部无釉，露胎，胎上往往留有制胎的旋痕，釉层较厚，或光素无纹，有的器体的制作分上下两部分，模制后黏合而成，腹中间横有一条明显的突起。在装饰上采用模印，题材有云龙纹，有荷花、菊花、牡丹和梅花的四季花组合（图35，见图版80、81、82、83、84、85、86）。

韩国新安海底沉船就装载有这种器类，而同时期的元青花、青白瓷也有同类产品。另一类在《陶瓷之路》书中提到的，出现在伊斯坦布尔托布卡比宫、伊朗阿尔德比庙以及埃及的阿尔—福斯塔特遗址、波斯湾的巴林、伊拉克的瓦季特遗址、叙利亚哈马遗址的出土遗物中，一类口径在30厘米，菱花状口沿，内底部贴有一菊花饼的贴花钵。"因东亚、东南亚出土的大量元代龙泉窑系青瓷中未见其遗例，推测其主要是应中、近东诸国需求而生产的制品[14]"。这类产品在外底留的一圆孔，笔者认为

---

[13] 杨之水：《奢华之色——宋元明金银器研究》卷三，中华书局，2011年。
[14] 三上次男：《中世纪在埃及福斯塔特遗迹出土的中国陶瓷》，出光美术馆《陶瓷的东西交流》，1984年。

图34.龙泉窑青瓷刻画纹大盘（元代）
口径25.5厘米 底径13厘米 高4厘米

图35.龙泉窑青瓷双系小罐（元代）
口径3厘米 底径4厘米 高10.2厘米

是烧造的需要，同时代的雕塑器皿外底往往留有圆孔，为烧造过程中受热均匀有意制作。日本神奈川县小田原城址出土的大型四系瓶，"此类瓶的共同特征是唇口短颈溜肩，腹部微鼓，可看到明显的接痕，器底有一道凸棱，圈足，器底是从器内贴合，肩部有四枚兽足[15]"，国内这类产品十分少见。

关于元代瓷业中是否存有官窑制度还不甚明了，《元史》卷七十四记载"中统（1260—1263年）以来，杂金、宋祭器而用之。至治初（1321年）始建新器于江浙行省，其旧器悉置几阁"。元代龙泉窑一定会有一些产品是为官府而烧造。韩国新安海底沉船刻有"使司帅府公用"铭的盘，内壁阴刻四季花，器心刻画荷花荷叶、外壁下变体莲瓣纹内刻画有如意纹，它的纹样似乎有一定的定制，同出的一件荷叶罐的纹样，也装饰相同的莲瓣（见图版87）。在高足杯上使用的八吉祥图案，也不是可以随便作为装饰用在任何的器物上的。据专家考证带有八吉祥的图案不是一般的民用瓷器，而是专为朝廷机构或内地的西番塔寺定烧祀用器[16]。

4. 装饰特点 元代的龙泉窑装饰技法多样，有刻画、模印（包括阳纹和阴纹）、堆塑、贴花、点彩、露胎镂刻（见图版88）等众多的装饰技法，这些手法的应用都不是简单的重复，是在原有基础上的一种再创造。元代的龙泉窑釉层淳厚，釉色葱绿光亮，胎壁厚实，器物形体较大，器物的种类繁多，这些都为众多装饰技法的施展提供了条件。在这些装饰技法中，传统技法的贴花工艺在大型器物中广泛使用，根据主题纹样的需要，采用两种不同装饰手法的组合。点彩和露胎的装饰，最为新颖独特。点彩的应用，早在东晋时期，浙江的瓷业也盛行一时，而元代龙泉窑的产品，由于胎釉成分的不同，呈现了完全不同的装饰效果。它以铜为着色剂，在上釉的器物坯体上，根据装饰部位的需要点缀其上，烧成后呈现褐红色，与青绿釉色对比强烈，由于在烧造的过程中，高温作用下釉的融熔，出现了晕散的现象，别有新意（见图版89）。元代龙泉窑的纹饰题材，丰

---
[15] 森达也：《日本出土的龙泉窑青瓷》，故宫文物月刊，2009年。
[16] 周丽丽：《瓷器八吉祥纹新探》，《上海博物馆集刊》，第四集。

富多彩。有中国瓷器装饰艺术中的传统题材，也有元代新创烧的。有花卉瓜果类：牡丹、荷花、梅花、菊花、秋葵、蓉、甜瓜、南瓜、荔枝。祥瑞类的有：云龙、飞凤、仙鹤、双鱼、龟、鹿等。有跟宗教有关的八吉祥、八仙图案。元代的辅助纹饰有莲瓣纹、鼓钉纹、海涛纹、云纹、弦纹、卷草纹等，大量吉祥寓意图案普遍地流行，但在表现手法上却是各具千秋。在纹样的布局上，趋于简洁，分层装饰，主题突出鲜明，辅助纹饰与之呼应，具有明显的时代风格，纹样在碗、盘类器物外壁上，转换到注重内壁的装饰。元代龙泉窑常见的典型纹样有：

龙纹 是浙江青瓷中的传统题材，元代龙泉窑的龙纹装饰在各类的器物上，大都用贴花的装饰技法，形态上作欲腾跃之势。一般有刻画的云纹或海涛纹辅以烘托，气势磅礴。

双凤纹 古代传说中的祥禽，为"凤鸣朝阳"喻意高官遇良才。双凤首尾相对，与流动的云纹对称组合。

云鹤纹 传统纹样，这一时期的仙鹤和如意状朵云呈对称排列。富有动感。

梅花纹 是中国绘画的传统题材，元代龙泉窑中大量地使用，同一种题材，在表现的装饰手法上，却多种多样，有梅朵形状，粘贴在杯的内底。有梅枝新月组成的意境，刻画在小碗的内壁。最具创意的是装饰在盘上的梅花，用露胎手法，呈现深浅不同的色泽，细致地刻画了梅花的姿态。有关梅月的组合纹样，南宋张同之墓出土有银梅梢月纹盘[17]、湖南澧县珍珠村元代窖藏出土，银梅梢月纹盏、盘[18]，龙泉窑应该是借鉴和继承了这类金银器的纹样。

鱼纹 是元代龙泉窑的大宗装饰，一般饰在称为洗的器物的内底，采用模印贴花的装饰手法，在形式上有比目并行（或首尾相对），有两大两小的鱼纹组合。

鹿纹 大都作回首凝眸的形态。采用阴印的装饰手法。饰于碗、盘类产品。

牡丹纹 是元代龙泉窑最常见的纹样题材，它装饰在不同的器物种类上，式样不同，布局也不同，根据器物的形状，在盘类器物中有模印花团锦簇牡丹纹，瓶、炉常见的是模印贴花牡丹，它呈现的是一种缠枝连绵的形态，各具风格。

菊花纹 阴印在碗、盘的内底，有的单朵怒放，有的折枝盛发。

八吉祥纹 包括轮、螺、伞、幢、花、罐、鱼、肠八种形象。源于藏传佛教用具，被视为吉祥的象征。元代开始流行，并开始装饰在瓷器上。元代龙泉窑的纹样一般采用阴印的装饰技法，它在器物上的排列组合，据有的专家考证，处于无序阶段。与明清时期瓷器上有规律的图案排列明显有别。

莲荷纹 可以分为莲瓣和莲花。莲瓣纹曾是南宋龙泉窑的主要纹饰，这一时期演化成辅助纹饰，表现得更加狭长。有的莲瓣的中线和边线是模印细线，往往与弦纹一起组合。莲荷刻画以束莲或朵莲的形态。

海涛纹 采用刻画的手法，装饰在大盘的内壁、瓶的近底部分。多与龙纹相配。

如意纹 与南宋时期装饰在碗类的S形纹分割组合的如意纹类同，云头由三朵云纹组成，尾线飘洒自如。

鼓钉纹 主要装饰在炉上，器身上下两排。鼓钉上刻画有筋线旋转组成的纹样。

弦纹 饰于碗、高足杯等器物外壁的口沿处，由五条弦纹上刻画成组短线条组成，是元代龙泉窑特有而盛行的装饰纹样。

文字题记 广东民间工艺馆有一件芙蓉花盘，盘内饰有"做出芙蓉样青器，卖买客人皆富贵"之句，类似于今日的广告，反映了窑主人的美好愿望。同时有许多的文字，大量的各类模印文字也是这一时期的特点，吉祥语的有"金玉满堂""长命富贵""百花朝王""天下太平""福如东海，寿比南山""福寿记号"以及"福、大吉、寿"等。窑主的姓"仲夫""项正""项思"等。特别是蒙古统治推行的巴思巴文，在龙泉窑的器物上也有所反映。这类印有巴思八文的器物，主要是一些敞口大碗。

---

[17] 南京文物局编：《南京文物精华·器物篇》，上海人民美术出版社，2000年。
[18] 杨之水、陈建明主编《湖南宋元窖藏金银器的发现和研究》，文物出版社，2009年。

最能体现元代龙泉窑装饰特点的是露胎手法，它出现在南宋晚期的龙泉窑，形式上主要应用在人物塑像上，由于南宋龙泉窑胎中适量的含铁成分，经过二次氧化后，表现出深浅不一的朱红色，人物形象露胎的脸和手脚部位，显得自然生动。元代龙泉窑的露胎装饰则是窑工们充分掌握这一时期胎釉的特性所刻意追求的一种装饰技法，广泛地应用于各类器物。由于元代龙泉窑的胎釉成分和器壁的厚度，与南宋龙泉窑完全不同，经过二次氧化后，胎呈现出赭红色，与元代龙泉窑特有的葱绿釉色，在色泽上对比强烈，相映成趣。露胎的纹样，根据不同器物的造型，采用印花和贴花的技法。烧成后，具有浅浮雕的艺术效果。

露胎装饰在纹样和题材选择上，注重露胎后的装饰效果，与器物的造型和谐统一。纹样布局可以分为三种形式：

一类是主要用模印粘贴的装饰手法，饰于盘、盆类的内底，纹样有荔枝、菊瓣、双鱼、四鱼、蟠螭、双虎，达到了构图简洁、突出重点的装饰效果。（见图版90、91）

二类是有绘画的意境，同样用模印粘贴的装饰手法。饰于盘类器物，有桃纹：分别等距离贴有三株桃枝，每枝各分五叶，枝上结有一硕桃，并栖有一小雀，作回首视桃状。另一种布局为中间为宝相花，旁分仙鹤和如意云纹两组对称组合，以及凤鸣朝阳，用一轮朝阳和凤的组合。收藏于英国大维德基金会博物馆的梅花纹盘，独具匠心地把露胎的色泽有意地表现得深浅不一，使梅花虬枝苍劲、傲雪怒放的姿态显得自然贴切。同样采用这种表现手法还有该馆的一件鱼纹盘，盘底的构图是两组对称深浅不同的鱼，盘沿贴有海里的贝类，呈现了一幅诱人的海鲜图景。

三类的构图借鉴了其他工艺门类的表现手法，呈现出了完整的画面。采用模印中的阳印技法，凹凸分明，达到了浮雕的装饰效果。在盘、瓶的器体上，采用开光的布局，开光是绘画上的一种形式，达到突出主题的装饰效果。画面的纹样题材有字与动物形象的组合，上写有一"福"字，下有小鹿回首的形象，寓意福禄双全（图36）。有的上书一"心"字，下有猿和马的组合，是心猿意马的图案。另一类纹样题材有婴戏和八仙，布局上在器腹用开光的形式，每面来表现童子嬉戏的场景，因为露胎的特性，

图36.龙泉窑青瓷露胎"福禄双全"纹样（元代）
直径（残）8厘米

使画面清晰可辨。

元代龙泉窑的露胎产品，它的器物形制也是根据露胎的特性专门设计制作，特别是画面完整的露胎装饰器物，在布局上借鉴了许多其他的工艺品表现方式，达到了与其他工艺品异曲同工的装饰效果。最典型的器物有：

盘 根据露胎的图案需要，盘的形制多样，一般的为圆口无沿，有的为菱花口折沿，浅腹，大平底，圈足。

梅瓶 八角的造型，小口，鼓肩，腹斜收，圈足。图案布满全器，以开光的形式，采用露胎印花的，与有施釉的印花表现得错落有致。有的同类器型，施以点彩，达到了精雕细镂、五彩斑斓的装饰效果。

八角碗 以开光形式分布八面作为主题纹饰，浮雕的效果。边饰也以印花技法，外壁纹样以花卉婴戏纹为主，内壁有凤、鹤、孔雀、荷花，内底印有双鱼，多种纹样集于一体（图37）。

元代龙泉窑露胎的装饰最常见的辅助纹饰是如意云纹，常常饰在盘的边沿、内底，线条流畅飘逸。云作灵芝形，即如意云。用以寄寓"如意"之意。露胎装饰和釉下的装饰中，其刻画的风格完全一致，具有明显的时代特征。在第三类的以开光布局的露胎装饰中辅助纹样，一般有两种不同的云纹式样在同一种图案中出现，这类如意云纹是元中晚期较为典型的式样。

元代龙泉窑装饰艺术的特色，与社会的变化具有十分密切的关系，作为多民族的国家，同时具有东西方交通空前发达的元王朝，利于多种文化的传播和交流。因此在陶瓷艺术上，出现了许多新的审美意识和审美情趣，有中国传统题材的发扬光大，有少数民族和宗教文化的盛行，特别是外来文化的渗透，使得多元文化得到了融合，形成了元代龙泉窑丰富多彩的装饰和多种风格并存的局面。因此元代龙泉窑的装饰艺术，是在南宋龙泉窑高度发展的基础上，在新的历史条件下不断地创新，达到了全盛。

图37.龙泉窑青瓷八角露胎印花双鱼碗（元代）
口径17.4厘米　底径7.5厘米　高9.2厘米

这一时期独特的产品风貌具体地表现在：

1. 因器施画的纹样布局　元代龙泉窑继承和发展了中国陶瓷装饰艺术中的纹样图案，北宋周敦颐的《爱莲说》把牡丹喻为花之富贵，把莲喻为花之君子，把菊喻为花之隐逸。梅花也以其清秀俊雅而立为"花中之魁"。中国传统题材在元代龙泉窑青瓷装饰上最常用的。在一种外销瓷的小口罐。把这四种花卉同时模印于器腹，即深含寓意又代表大自然的四季。同一题材用不同的装饰手法，在不同的器物上布局。梅花题材有深刻的文化内涵，在元代的器物上大量地使用，在小盏的内底贴粘一朵梅花；在碗的内壁刻画月梅，简洁疏朗，产生的是"疏影横斜水清浅，暗香浮动月黄昏"的意境。用露胎的手法装饰的梅花，则着重表现的是梅枝的疏瘦清妍。牡丹花是传统的题材，在元代的龙泉窑瓶、炉类的产品中大量使用，它以植物的枝蔓作骨架，向上、下、左右延伸，形成二方连续或四方连续，达到了循环往复、宛转流动的装饰效果。阳刻在盘内底的小雏菊，是散淡的，阴印在碗底回首凝眸的小鹿，显得优雅闲适。大盘底阳印的一把束莲，内壁刻画水波纹，犹如一派湖水荡漾、莲荷摇曳的景象。这些不经意的装饰，透露出独特的匠心。辅助纹样中如意云纹使用较多，它达到了烘托出云气缥缈、瑞气蒸腾的艺术效果。根据器物不同的造型特点，选择不同的表现手法，使图案和造型有机地结合在一起。

2. 造型和装饰的浑然一体　古人认为龟有灵性，而且长寿，自新石器以来，一直被当作灵物和长寿的象征。"龟伏荷叶"是自唐出现的题材，《宋书·符瑞志》载："灵龟者神龟也，王者德泽湛清，渔猎山川，从时则出，五彩鲜明，三百岁游于蕖叶之上"。在唐代的越窑中有碗内刻画的龟伏荷叶图案。元代龙泉窑的龟伏荷叶碗，器物的造型犹如舒展的莲叶。内壁刻画数条荷叶的茎脉，底心塑伏一小龟，形象逼真，生动有趣。荔枝纹盘，整个盘刻画呈舒展的叶子，中间点缀有露胎的荔枝，构思奇巧，匠心独运。老鼠偷油瓶，则是妙趣横生，一小鼠伏于罐口，欲进罐内偷油，馋涎欲滴的神态惟妙惟肖。许多是根据植物的形体进行艺术塑造的仿生器物，不是简单机械的模仿，它集观赏和实用于一体，如葫芦瓶、桃洗、瓜洗和瓜壶。收藏于浙江省博物馆的瓜洗，器作瓜的剖面，精细小巧的造型，葱绿油亮的色泽，在一端雕刻出的瓜藤缠绕，又有着瓜瓞绵绵的寓意；收藏于上海博物馆的桃洗，对半分开的桃子，瓜蒂处贴叶片，充分展现桃的新鲜欲滴，这些器物都达到了装饰与造型的完美和谐。文房用具砚滴更是种类多样，有舟形、牛形、龟形和人物形以及牧童造型，其中尤以龙泉上严儿村发现的舟形砚滴最为别致：它精刻细缕了船的形制，巧妙地撷取了生活中有趣的场景，一对青年男女在船舱内悄声细语地交谈，在船舱的外侧是身披蓑衣的艄公抓紧被风吹落在船篷上的帽子，形象生动有趣，笔者推测这似乎是取材于某个杂剧的场景。

3. 元曲杂剧和纹样的有机结合　这是元代龙泉窑的另一装饰特色，同时在元青花中，许多以人物为题材的装饰纹样，往往撷取杂剧中的一个场景，用白描的手法，精练地表现内容，而这种纹样的盛行有其深刻的历史背景。龙泉窑的露胎装饰，打破了单一色釉，由于对比的强烈，纹样清晰，特别是婴戏图、八仙故事的题材，均采用露胎的手法表现。在瓶、杯之类的器物上，采用开光的装饰布局，充分展示了主题。它与青花以戏曲故事为题材的画面不同，龙泉窑的纹样题材是取自于元曲杂剧中的道白。收藏于浙江省博物馆的一件露胎盘，它的纹样图案，过去称之为"马上封侯"，画面是：下为回首俯视卧伏的马，上为一猿猴，猴身缠绕在柱子的上面。柱的顶端书有"心"字下面加锁一把（图38）。笔者考证，这应是"心猿意马"的含义。猿与马的组合，唐代诗人许浑在《题杜居士》中曾有"机尽心猿伏，神闲意马行"的诗句。宋朝苏轼的《和陶归园田居》有"穷猿即投林，疲马被解鞍"。"心猿意马"原为道教用语：比喻人的心思流荡散乱，把握不定。而元代龙泉窑的纹样图案，是对关汉卿《望江亭》第一折"俺从今把心猿意马紧牢栓，将繁华不挂眼"和关汉卿的元曲《四块玉闲适》中的"意马拴，心猿锁，跳出红尘恶风波……"的一种形象的诠释，表达了对当时社会现状的无奈。收藏于浙江省博物馆的一件敞口洗，它的口沿刻画有"千山万水望你归，待归后，情何济，苦也个"这类元曲的道白。

图38.龙泉窑露胎"心猿意马"纹样（元代）
直径（残）11厘米

4．元代装饰题材的多样性 这种装饰题材的多样性表现在生活的方方面面，许多生活中有趣、幽默的细节，老鼠偷油瓶、船形砚滴中艄公被风吹落帽子而急忙抓取的瞬间，特别是头戴斗笠身披蓑衣的人物形象。此时的婴戏图，与宋代的婴戏不同，大多是展示孩童在玩耍时的情景，憨态可掬，意趣十足。海鲜产品也出现在瓷器题材纹样中，充满浓郁的生活气息。宗教的影响，佛教自东汉传入中国以来，与本土的文化逐渐地融合，在器物上作为"佛门圣花"的莲花装饰在各个时代的器物上。元代随着藏传佛教传入内地，出现一些具有藏传佛教特色的八吉祥图案。而八仙人物大量地出现，与元代全真教的流行有关。

外来文化对龙泉窑的影响也是巨大的，在龙泉窑的一些器物上，特别是大瓶的分层装饰，中间部分一般是用牡丹题材作为主题图案，层次分明，主题突出，这种装饰特点正是借鉴了中东地区的陶器的装饰方法，这种疏密有致主题鲜明的多层装饰，与器物的形体结构和谐统一，使器物整体更臻完美。有些碗的装饰上布满图案，它是借鉴中东地区的金银器的方法，充满了异域风情。收藏于英国大维德基金会艺术博物馆的一件扁壶，小口，方腹，模印有龙纹的图案，器物的形制和纹样图案巧妙结合。因此在多元文化的背景下，元代龙泉窑的产品形成了外来文化与传统文化的交相融合，它表现出来的装饰艺术，博采众长，兼容并蓄，充满了海纳百川的泱泱大气。有元一代，也成为中国古代青瓷装饰艺术的总结。

明代早期，在中国的陶瓷史上，是一个大的发展时期，江西景德镇青花瓷的生产呈现出繁荣兴盛的景象，形成了我国瓷业的又一个高峰。这一时期龙泉窑的生产也发生了很大的变化，它的产品面貌，与同时代的景德镇青花瓷器的器物种类、造型和装饰特点类似。据《大明会典》一百九十四卷载："洪武二十六年定，凡烧造供用器皿等物，须定夺样制，计算人工物料。如果数多，起取人匠赴京，置窑兴工。或数少，行移饶、处等府烧造。"（《大明会典》卷一九四《工部（十四）》"窑冶·陶器"条）显示龙泉窑在明初曾为宫廷而烧造，因而物的造型和图案的特点与青花的产品相似，是为宫廷所需而一同设计，一同监制的结果。明洪武二年，朱元璋规定"凡祭器皆用瓷"。2006年9月至2007年1月，浙江省文物考古研究所、北京大学考古文博学院、龙泉市博物馆联合对龙泉大窑枫洞岩遗址进行了考古发掘[19]，完整地清理出了一处古代制瓷手工业工场的三大功能区（图39），不但揭

---

[19] 浙江省文物考古研究所、北京大学考古文博学院，龙泉青瓷博物馆编，《龙泉大窑枫洞岩窑址出土瓷器》，文物出版社，2009年5月。

露了明确的明代地层，为我们重新认识明代龙泉窑在中国陶瓷史上的重要地位提供了新的素材。特别是出土器物中，在瓷器上刻有五爪龙、"官"字款等，明确了器物的性质，这类官用瓷器的生产时间大体从洪武到永乐年间，成为文献中关于处州烧造宫廷用瓷记载的最好佐证。宫廷的需求，促使龙泉窑在新的历史条件下，延续了元代发展的势头。由于宫廷所需产品的定样，龙泉窑在这一时期烧制，出现了一批器壁厚重、制作精良、器形硕大、纹样富丽繁华的各类器物，这批器物明显地与一般的民间用瓷有别。在烧造工艺上仍延续了元末的做法，继续使用垫圈垫底的烧造方式，圈足上仍有火石红的圈痕。因为沿袭了元代龙泉窑烧瓷工艺上的一些特点，因此一般的对龙泉窑的考古分期上，与元中晚期的龙泉窑归为一期。但从产品的形制、纹样题材看，与元代的龙泉窑产品还是存在着阶段性的变化，具体的特征分述如下：

胎釉　明早期的龙泉窑在釉色上的变化，主要表现在釉的质感，较之元末的龙泉窑更加淳厚润泽，釉色葱绿。

造型和纹饰　器物造型基本延续了元代龙泉窑雄浑敦厚的风格，盘、瓶烧造出比元代龙泉窑更大的尺寸规格，出现了以大型器物为标志的器物组合。在装饰纹样上，出现了枇杷果纹、桃纹、庭院芭蕉、柳石、松石、串枝葡萄等纹样，以及直接受织锦影响而兴起的古钱纹相构连续成的锦纹，这些纹样均不见于元代龙泉窑。装饰技法以刻画、印花为主，分为阳印和阴印的表现形式，技法娴熟，纹样清晰，流畅自如，布局上铺满全器，它与元代龙泉窑主题突出、层次分明的纹样格局不同，更显出华缛富丽的装饰风格。回纹是一种主要的辅

图39.龙泉大窑枫洞岩窑址发掘全景图【2006年浙江省文物考古研究所、北京大学考古文博学院、龙泉市博物馆联合发掘。】

助纹饰，一正一反相连成对，主要装饰在器物的口沿、颈部。明早期的龙泉窑，主要是通过纹样的题材和布局上的变化来呈现不同的发展阶段。明早期奉命为宫廷烧造龙泉窑产品与景德镇青花产品的虽然联系密切，造型纹样图案都可以从同时代的景德镇青花瓷中找到同类产品。

碗 圆唇，深腹，坦底、圈足，口沿处有回形纹，它的内外壁刻画繁密的纹样，口径在40厘米。这类硕大形制的碗，在青花和釉里红的同类产品中，是洪武瓷特有的器物造型（见图版92）。

大盘 敞口，圆唇，腹弧收，底足包釉，留有垫具的痕迹，巨制大型，纹样题材上有葡萄、牡丹、枇杷、桃纹等（见图版93），也有光素无纹（见图版94）。有的大盘为花瓣口，有十二瓣，有十六瓣。有的大盘与架配，器架为直口、深腹，器腹饰有如意形的大镂孔。广东博物馆收藏有带座大盘，明高濂《遵生八笺》中曾提到：香橼出时，山斋最要一事，得官、哥二窑大盘，或青东磁龙泉盘……宣德暗花白盘、苏麻泥青盘……数种以大为妙……旧有青东磁架、龙泉磁架最多，以之架玩可堪清供。由此得知，这类大盘往往与座架相配。

玉壶春瓶 与明洪武釉里红缠枝牡丹纹瓶造型和纹饰相类似，与元代龙泉窑相同类型的产品比较，颈变粗，器腹更为丰满（见图版95）。

梅瓶 三层台阶式帽形盖，宝珠形纽。直口，短颈，肩刻覆垂如云头纹五组，云头纹各刻画有一折枝莲花，瓶身两面有桃纹、竹纹，近底部刻有缠枝灵芝纹四株，此器型和装饰纹样与同时期的青花梅瓶相同（见图版96）。

执壶 器身呈玉壶春瓶形，一侧为长流，流口基本与壶口平齐，流和器腹间有云板相连，另一侧为柄，略低于壶口。器腹有刻画纹样（图40），有的是光素无纹（见图版97）。小型执壶因形似梨而被称为"梨壶"，造型圆润流畅（见图版98）。

高足杯 明代高足杯的造型，器身作八角形，口沿用回纹作边饰，内底印花。竹节形高足，上刻画有蕉叶纹（见图版99）。

盖罐 直口，广肩，上腹为最大径，下腹内束收，器腹饰有浮雕状缠枝牡丹纹，下腹饰有狭长莲瓣纹（见图版100），基本上延承元代同类产品的器物造型，盖为荷叶形器盖，器物底仍延续二次成型的做法，但比起元代的同类器物，圈足二层台的做法更加粗率。收藏于北京故宫博物院的盖罐，开光的图案写有"美酒清香"，表明了这类产品的用途。

壮罐 通体阳印花纹五组，颈部为图案团花，肩下各为缠枝莲花四朵，腹部主体纹饰也为图案式莲花，莲花上承托以莲蓬，盖有纽，盖面也饰莲花四朵。纹样清晰，有浮雕的装饰效果。该器型与宣德青花相同（见图版101）。

鬲式炉 明代同样造型的炉形制变大，与炉的用途变化有关，多用于宗堂庙宇。（见图版102）

石榴尊 喇叭口状，长颈，溜肩，圆腹，形似石榴果实而称之，全器纹样繁密。

凤尾瓶 收藏于北京故宫博物院，颈饰凸弦纹七道，腹刻四方连续牡丹纹，下腹饰菊瓣纹，是元代的延续产品，器型更高大。收藏于英国大维德基金会的刻铭"宣德七年七月吉日造天师府用"大瓶，颈部饰蕉叶纹，肩部刻画覆莲，器腹刻有缠枝荷花，近足部分饰有二层莲瓣。从纹样到器物造型，变化较大。

宫廷的参与大大地促进了龙泉窑的生产，比起元代龙泉窑的制作更加规矩，技艺精湛。从大批收藏在北京故宫博物院和台北故宫博物院的明代早期龙泉窑的产品可以看出明早期的龙泉窑青瓷，与同时代的景德镇相同纹样、相同器型青花产品，有着同工异曲的装饰效果。

六、化治以后　质粗色恶

商品经济的发展和市场文化的繁荣，社会风尚发生了剧烈的变化，明中期以后，文人热衷于收藏古物，董其昌的《骨董十三说》就是鼓吹古董收藏的意义，特别是江南富庶之地，文人阶层的嗜古，引领社会的风尚，精心选择具有古意的陈设物品，成为了构筑文人雅士居所的前提条件，因此龙泉窑这时期的产品，一改明代早期华丽、繁满、规矩的宫廷意趣，创烧了许多为迎合社会各阶层的生活习俗和审美情趣的新器类。

碗 直口，腹近底处弧收，高圈足，全器胎壁厚重，内壁印有各式花卉纹样以及历史人物故事。

盘 敞口，折腹，全器内外布满

图40.龙泉窑青瓷枇杷纹执壶（明）
口径83厘米 高33厘米

纹样。

大盘 花口，坦腹，内底印有钱纹锦地和"石林"二字款（见图版103），龙泉大窑枫洞岩窑址明代中期堆积有出土。

执壶 形制上有所变化，敞口，圆唇，短直颈，圈足稍外撇，釉色浅绿，纹样技法采用剔刻，题材多样，布局繁密。

方盘 双盘成对，器呈方形，浅腹，边沿印有"福如东海，寿比南山"文字，盘底阳印有仙鹤纹，为祝寿所制。

凤尾瓶 收藏于浙江省博物馆的一件大瓶（见图版104），纹样是明代中期新出现的，具有明代的典型装饰风格，颈部饰有锦纹，器腹饰有均匀的花纹图案。明张谦德《瓶花谱》中有"古铜壶、龙泉、均州瓶极大，高三二尺，别无可用，冬日投以硫磺，斫大枝梅花插供亦得"，说明了此类瓶的用途。

扁瓶 形制为敞口，长颈，垂腹，颈肩部有双耳，形制多种，有双耳环和鱼耳形，器表有模印纹样。

炉 形式多样，有洗式炉、筒式炉、樽式炉。樽式炉形制为平沿，筒腹，下承接三兽足。器物中部饰有刻画牡丹纹（图41）。

爵杯 造型仿自商周青铜酒具，椭圆口，一侧有流，一侧为尖端器尾，口沿居中对称置有短柱，圜底，下承三锥状足，外壁近口沿饰有回纹一周，器腹饰有印花，釉色碧绿，色泽光亮。是明代龙泉窑新烧造的一种器物类型，明初景德镇窑也烧造相类同器形（见图版105）。

觚 模仿青铜器的造型，在器腹处刻有花纹（见图版106）。

觚式瓶 喇叭口，束腹，凤尾，颈腹部出戟状双耳，造形仿古而又创新，作插花之用，所以也称花觚（见图版107）。

琮式瓶 分上下两部分，上部仿玉琮式样，下部带方形须弥座，四面阳印阳变形如意云纹，釉色青绿，釉质莹润。（见图版108）。

砚屏 文房用品，案头摆设，造型模仿其他材质的同类产品，内容丰富，有花卉、瑞兽、人物（见图版109）。

笔架 文房用具，造型上采用传统的山峦形，一类头尖呈四边菱形，一侧有孔。另一类山字形笔架，头圆呈指头形，一侧有孔，底平，中空。一面阳印螺纹，另面阳印山纹。采用当时流行的题材，如三老图等。

鼓凳 是龙泉窑明代新烧的器物，呈鼓形，器腹装饰有印花，镂孔雕花（见图版110）。

明代中期以后龙泉窑继续采用一些传统的刻画、印花装饰技法，但表现手法上有所变化，纹样凸起器表，追求浅浮雕的效果，因此在装饰风格上更趋于杂碎繁琐。这一时期有关龙泉窑的记载有《格古要论》《辍耕录》《菽园杂记》《事物绀珠》《春风堂随笔》《博物要览》《七修类稿续稿》等，地方志有《浙江通志》、《处州府志》。其中以弘治年间陆容的《菽园杂记》卷十四有关龙泉窑详细的记载最为科学详实。2006年~2007年北京大学考古文博学院与浙江省文物考古研究所对龙泉市小梅镇大窑村的枫洞岩窑址进行了考古挖掘，发掘出了明中期以后的堆积，出土了这一时期的产品，同时全国各地纪年墓的器物也有大量的出土，主要有：山东省邹城九龙山朱檀继妃弋氏明正统六年（1441）墓出土的福寿扁瓶[20]，江西省永修县黎家山明正统九年（1444）魏源墓出土的烛台、瓶、盘[21]，江苏省淮安市颜牛村明成化六年（1470）陶升墓出土的八宝碗[22]，河北省石家庄陈村明弘治六年（1493）刘福通墓出土的高足杯[23]，江苏省淮安市闸口村明弘治十五年（1496）王镇夫妇墓的历史人物故事碗，菊瓣碗[24]。在众多的纪年墓资料中，浙江龙泉道太乡明正德十三年（1518）墓出土的一批龙泉窑的器物，数量最多，品种最为丰富，有鼎式炉、连座琮式瓶、云凤纹玉壶

---

[20]《中国文物报》。
[21]《江西玉山、临川和永修县明墓》，《考古》，1973年第5期。
[22] 陈锦惠：《牡丹千年又逢春——记淮安市博物馆藏元青花牡丹纹盖罐》，《东南文化》，2001年第8期。
[23]《石家庄市陈村明代壁画墓清理简报》，《考古》，1983年第10期。
[24]《淮安县明代王镇夫妇合葬墓清理简报》，《文物》，1987年第3期。

图41.龙泉窑青瓷奁式炉（明代）
口径25.8厘米 底径8厘米 高17.5厘米

图42.龙泉窑青瓷露胎云鹤纹盘（明代）
口径15.6厘米 底径4厘米 高3.3厘米

春瓶、露胎云鹤纹盘、菊瓣碗、高足杯、荷叶盖罐。对这些器物的烧造年代学者们至今有很大的歧异，有的学者把它们归属为元代龙泉窑产品，有的认定为明代早期的产品。笔者对器物进行了比较，如云凤纹玉壶春瓶、北京元墓出土有云龙纹瓶，两者造型相同，釉色粉青，玻化程度高。出土的鼎式炉（见图版111），与韩国新安海底沉船上的同类产品相比，器型和纹样的细部，还是有所区别的。露胎的云鹤纹盘（图42），上海博物馆也收藏有同样形制的产品，新安海底沉船也有更为相同的器物，但从釉色和露胎色泽以及云纹的纹样来看，均有明显的变化，进行比较后还是可看出器物演变的轨迹。特别是露胎色泽的不同，由于元代龙泉窑和明代龙泉窑胎釉成分的不同，明代龙泉窑的露胎色泽往往偏黄，为土黄色，与元代露胎的赭红色是有所区别的。龙泉大窑枫洞岩窑址出土的露胎模印花仙人骑兽三足筒式炉最为典型，器腹三面露胎开光阳印仙人骑兽图（图43），它的露胎色泽就是典型的明代土黄色。所以该墓出土的这批器物，笔者认为不排除个别器物是元代烧造，但大部分应该是明代龙泉窑的产品。湖北省京山棱罗河明弘治十五年（1502）陈恩礼墓出土碗[25]是明中期龙泉窑碗的典型形制，碗变得器壁粗厚，圈足变高，内壁装饰印花，题材有花卉、人物等。这些大量的纪年墓的器物，为我们更加深入地了解明代龙泉窑器物的分期断代提供了详实的资料。

明代的社会风尚有崇古的倾向，学者们对古物的考据研究，著书立说非常盛行，谈到龙泉窑的特点，往往是与官窑、哥窑比较。同时期龙泉窑也烧造仿古的器物，仿古代铜器形制的瓶类、炉类。但与南宋龙泉窑的仿古产品不同，不是对古代器物形制单纯的模仿，更多地融入了当时的装饰特点。有学者指出"吕大临对待古器物的态度是以史料研究的角度探究铜器与三代典章制度的关系，晚明的论述则强调古铜器因时间造成的表面色泽，并在生活中观看、玩赏，将古铜器视为高级消费品之一[26]"。龙泉窑的产品装饰风格就颇有这种意味，如前所述的出土于龙泉的连座琮式瓶，在琮形器下加座的形制。爵杯，采用青铜器的形制，外壁采用印花的装饰。樽式炉、觚等仿古类的造型，器

---

[25] 朱伯谦主编：《龙泉窑青瓷》，艺术家出版社，1998年。
[26] 王正华：转引《艺术、权力与消费中国艺术史研究的一个面向》，中国美术馆出版社，2011年。

图43. 龙泉窑青瓷三足筒式炉（明代）
口径12.5厘米 底径5.2厘米 高11厘米

腹饰满了大量的刻画花。收藏于浙江博物馆的鼎式炉,上有"晨昏一炷"刻铭(见图版112)。同时历史人物故事的题材大量出现,也是这一时期一个显著的特点,在碗的内壁模印一周,内容主要有姜太公钓鱼、孔子泣颜回、李白功书卷、昭君画已才、韩信武之才、蔡伯楷、赵真女等。文字有:"爱月夜眠迟,惜花春起早,弄花香满衣,掬水月在手"。

明代中期龙泉窑在制作方面的成就,主要表现在镂雕技艺的发达,收藏于北京故宫博物院的镂雕香筒,上半部为筒形,下面黏底座,通体镂雕七层纹饰,尽管胎体厚重,却因采用大量的镂孔装饰,显得玲珑剔透。出土于江西省永修县黎家山明正统九年(1444)魏源墓的烛台,六角形底座,座上堆塑一只卧虎,虎背上立有灯柱,柱上饰有S形纹,上承有托盘,盘中装葫芦形烛管,雕刻精细。如浙江省博物馆收藏的镂孔灯盏(见图版113)、印花双龙缠枝菊纹瓶(见图版114),龙泉青瓷博物收藏的镂孔笔筒,出土于龙泉大窑枫洞岩窑址的镂孔人物纹筒,但最能体现明代龙泉窑镂雕技艺的,无疑是人物雕像的制作,有独立的雕塑作品(见图版115),除多见道释人物外,明代还有许多其他题材的人物塑像,还有许多的历史人物,如关公等。

龙泉窑的瓷塑,从南宋起就有瓷塑作品出现。虽然不占主导地位,但具有鲜明的时代特征。人物大都为佛教和道教的人物,从龙泉大窑出土的南宋八仙人物塑像,胎壁细薄,釉色纯正,人物的露胎部分,由于火候掌握得恰当,因此非常接近皮肤的自然色,十分传神,是龙泉窑瓷塑艺术的高峰。元代人物塑像以观音像多见,人物的容貌端庄,形体丰腴,服饰装扮上璎珞相串,器体胎壁稍厚,露胎的部分呈色变深。明代道教人物多见,与嘉靖皇帝崇信道教的历史背景有关,除单个人物塑像外,有的塑像为整个造型做成壁龛状,由山石和祥云堆塑而成。边沿部分堆塑的卷云纹加以衬托,犹如云雾缭绕的仙境,有的分为多层,每层的人物神态各异。有的人物上涂抹有金粉,渲染一种奢华富丽的气氛。

图44.龙泉窑"顾氏"印模(明代)
直径5.5厘米 通高5.5厘米

由于明中期以后，社会商品经济的发展，龙泉窑青瓷仍有一些亮点。反映龙泉窑在新的时期生产方式上的变化，出现了大量印有"顾氏"（图44）"陈""王氏""李用记号""高"等姓氏商号的器皿。但总体从制作工艺、胎釉特征看，釉层减薄，釉色偏灰，有的偏黄。釉质上有的发涩，少见明早期厚润华滋的青绿釉，《乾隆龙泉县志》卷三《赋役志》"青瓷窑"条记载："青瓷窑（一都琉田）：瓷窑者属剑川，自析乡立庆元县，窑地遂属庆元，去龙邑几二百里。明正统时顾仕成所制者已不及生二章远甚，化治以后，质粗色恶，难充雅玩矣。"明著名养生学家高濂《遵生八笺》卷十四也有记载："其制若瓶若觚若蓍草，方瓶若匜、炉、桶，炉有耳，束腰小炉，菖蒲盆底有圆者、八角者、葵花、葵花者各样，酒、戤盆。其水盘之式，有百棱者，有大圆径二尺者，外比与菖蒲盆式相同，有深腹单边盥盆，有大乳钵，有葫芦瓶，有酒海，有大小药瓶，上有凸起花纹甚精，有坐鼓高墩、有大兽盖香炉，独台花瓶，并立地梅瓶、大瓶，诸窑所无，但制不甚雅，仅可适用，种种器具，制不法古，而工匠亦拙。然而器质厚实，极耐磨弄，不易茅篾。但在昔，色以不同，有粉青、有深青、有淡青之别。今则上品仅有葱色，余尽油青色矣，制亦愈下"。这恐怕是时人对龙泉窑最客观的描述了。

据窑址的考古资料表明，龙泉窑烧造的地域已逐渐地缩小，由于景德镇的生产开发了许多新颖的品种，龙泉窑青瓷生产终于步入了衰落的时期。

图45.龙泉窑青瓷.康熙炉（清代）
口径39厘米　高23厘米

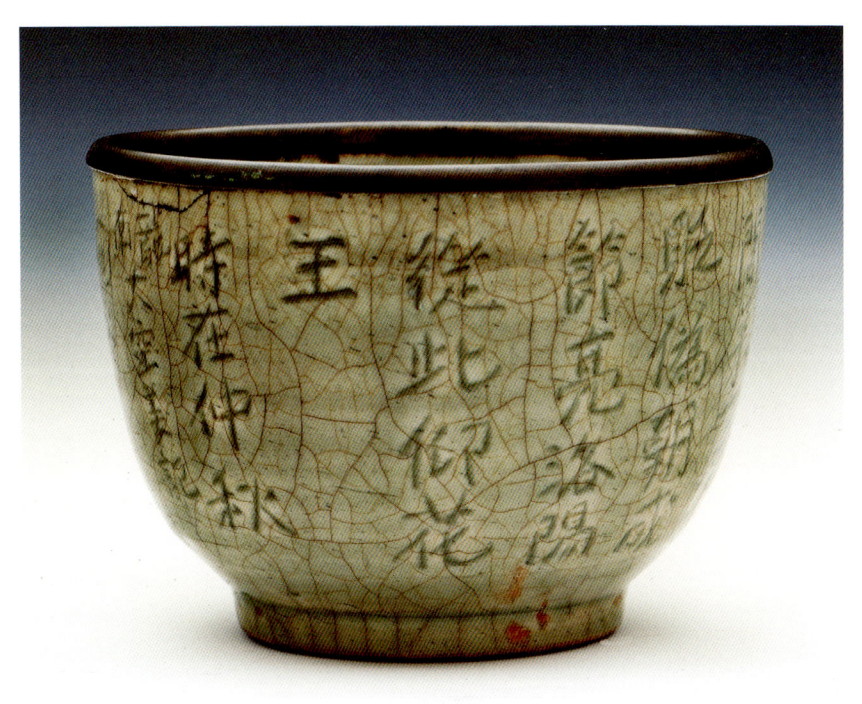

图46.龙泉窑青瓷刻字碗（清代）
口径11厘米　　底径6.2厘米　　高7.5厘米

七、清瓷迷宗　龙泉式微

对清代龙泉窑的产品面貌，因为考古资料十分有限，似乎没有进行过深入细致的研究，在谈到龙泉窑清代的烧造历史时往往是一笔带过。随着近年来对一些清代龙泉窑窑址的调查和带有刻铭纪年器物的发现，人们对清代龙泉窑的产品面貌有了些认识，特别对龙泉窑烧造年代的下限基本有了较为统一的界定。清代龙泉窑烧造的规模很小，集中在几处地点烧造，它的产品基本上可以分为两类，一些如炉、瓶等大件器，往往刻有纪年年号，收藏于北京故宫博物院的这些器物有"大清顺治八年"的刻花大瓶，"康熙壬辰"的刻花罐盖，"雍正辛亥九年"的三足炉，"乾隆庚寅年"的大盘，"同治四年"的青釉三足炉，"光绪癸未"的刻花瓶，"光绪十九年"的刻花瓶。这些器物大都为善男信女舍入寺庙中的佛前供器，是一些精心烧造的产品，以炉多见（见图版116），大都制作精良，值得关注。收藏于浙江省博物馆的刻有"康熙丙子秋月吉旦竹口许门吴氏谆娘供奉仙岩三宝佛前香炉一完祈保自身迪吉寿命延长"的印花炉（图45），造型硕大，形制为平沿、束颈、弧腹外底饼状底，腹下部置三柱足，胎体厚重，除内外底不施釉，通体施青釉，釉色透明感强，开细碎纹片，外壁刻画有缠枝花卉，刀法深刻，纹样清晰，制作工整。铭文中提到的"竹口"地名，当年陈万里先生曾走访庆元县的竹口，在其《龙泉访古记》中载道："许君今天告诉我说他的祖先从江西迁来，在明末时候，已有两代，如此推算起来，大概在天启年间。移家来此，为的是做瓷器。""许家原藏有制造瓷器的秘本，最近已遍觅不得……"此件刻有铭文的香炉，明确提到了庆元竹口许氏，说明清代龙泉窑表现的是一些具有地域性的小规模家族生产。收藏于浙江省博物馆的另一件青瓷碗，直口，直腹，下腹近底外弧收，矮圈足，釉色淡薄，器壁外刻有"不同艳冶不轻狂，独占人间第一香，诏贬伪朝成节亮，洛阳从此仰花王，时在仲秋大窑姜记"的字样和一朵牡丹花（图46）。清代龙泉窑的另一类产品的品质粗劣，器类以瓶类为主，占产品数量的绝大部分（见图版117、118、119、120）。以龙泉孙坑窑址产品为代表，龙泉市锦溪乡下井村出土的"孙坑村弟子还恩范工贞耀叩首百拜"刻铭瓶为典型器物。这一时期的器物，在胎釉特征上，胎质疏松，釉色偏黄泛灰，釉层淡薄而透明。装饰风格上，多采用刻画的技法，常见的纹样以荷花、牡丹花、梅花、兰花等花卉为主要题材，刻画粗率，花卉纹样刻板单调，布局繁杂零乱。最典型的一种纹样，是一组简单的刻画牡丹纹出现在瓶上，也同样成组装饰在盖碗、灯盏、豆等器类上。器物种类主要有碗、盘、杯、豆、盒（图47）、瓶、炉、罐。同一形制的瓶类，大小规格多样，从十几厘米到六七十厘米均有，造型上不成比例，缺乏稳重感，圈足露胎，呈酱红色，为烧造前有意着色所致。以往曾被称为"乍蒲龙泉"的器类，实乃是清代龙泉窑的典型产品，确切地说这类产品的烧造年代，据与刻有纪年的同类产品相比较，是存在早晚不同阶段的。清代龙泉窑中制作精良的产品，它们的生产年代基本上处于清早期，而大部分粗制的产品，生产的时间在乾隆年间以后。清代龙泉窑生产，有的是龙泉窑制瓷传统工艺的延续，有的明显吸收了周边地区，特别是景德镇的制瓷工艺。清后期的产品与传统意义上龙泉窑产品的面貌已相距甚远。

图47.龙泉窑青瓷刻花粉盒（清代）
口径11.2厘米 底径7.5厘米 高5厘米

第五章

龙泉窑遗存的地域类型

从宋代开始，伴随着商品经济而发展起来的窑业生产，都形成了有一定烧造地域、一定烧造规模的诸多瓷窑体系，同时在广阔的地域范围中，它们同类产品面貌也会存在一些差异而不尽相同。南宋中期后除南宋官窑的生产外，龙泉窑的青瓷生产是一枝独秀。南宋初年，龙泉窑以它厚胎、薄釉、刻画花独特风格的产品异军突起。根据这一时期的窑址考古调查，龙泉窑的烧造地域迅速地扩展，形成了龙泉窑窑系。一个瓷窑窑系的产生，并不一定贯穿一个瓷窑的创烧、鼎盛、衰落的整个发展过程，而往往仅存在于一个瓷业的某个发展时期。龙泉的大窑窑场是龙泉窑的烧造中心，它的产品品质精美，代表了同时代龙泉窑制瓷工艺的最高成就。在龙泉地区规模不同的窑场，选择烧造的品种类型也会有所侧重，并存在高低档之分。而在属于龙泉窑系的分布烧造地域，由于瓷土的原料成分的差异，制瓷业工艺技术水平的不同，以及在传播过程中吸纳程度的不同等诸多因素，它们在烧造过程中，虽为同一个窑系，却与典型的龙泉窑同类产品会存在一些差异，表现出不同的产品面貌。这类产品在瓷窑址考古中被称为地域类型。地域类型的出现，在同一时期，有一定的分布地域，有一定的生产规模，烧造典型的同类产品，同时又有鲜明个性特征。这些同一窑系中属不同地域类型的产品，也表现有地域文化的独特内涵，而在年代上，它们同是龙泉窑发展历史上的某一个时代。南宋——元代是形成龙泉窑地域类型最集中的时期，这和龙泉窑的总体发展是一致的。元代龙泉窑，从烧造的地域上，是龙泉窑烧造历史上最为广阔的，它不仅在相邻的许多地区延伸出地域类型产品，即便是在龙泉本土，大窑仍成为窑场分布最集中、产品最精美的窑场。元代龙泉窑品类丰富，但在龙泉窑东区窑址，主要的产品是碗、盘类，少见大瓶、大盘这类代表元代龙泉窑的精美器物。经过了多年来有目的古窑址的考古调查和为配合水利建设的窑址发掘，人们对龙泉窑系的地域类型有了初步的认识。

图48.龙泉窑青瓷"清河"纹样（元代）

（一）永嘉类型 主要分布在温州的永嘉境内，地理位置上处于瓯江的下游，历史上是瓯窑的发源地，有着悠久的烧瓷传统，由于地理位置的关系，龙泉窑在元代烧造的地域是沿着瓯江流域扩展，因此在这一时期出现了许多烧造龙泉窑青瓷产品的窑址。主要的窑址有桥头的眠牛山窑址、钟山窑址、殿前山窑址，朱涂的龙虎山窑址、龙头山窑址，鲤溪的下坑山窑址。由于当地的胎土原料含铁量低，历代烧造的瓷器，就有胎白釉淡的特点，因此，龙泉窑在元代的烧造继承了该特点，胎质细腻，胎色白，相应的釉色往往呈豆绿色，与同时期典型龙泉窑釉色相比更为淡雅。在装饰手法上大都采用印花和刻画，其中印花以阳纹多见。以菊花题材最为多见，最大的特点是，在器物的内底，模印各式的花卉图案，有的在其间衬以文字："庐江惠祖北记""仁寿""寿""天""清河（图48）""西楚""丙""太"等商号或是吉祥语。也有露胎印花的装饰手法，但与典型的龙泉窑露胎技法不同，往往在器物的内底，采用阳印的技法，在题材上仅限于各式花卉，布局上为一束或一朵，呈现不规则的露胎。露胎的目的在于烧造方式上的需要。有的叠烧在一起。永嘉类型的产品，种类上主要为碗、盘、洗、炉、高足杯等，一些大瓶、大罐的大件器少见。在内蒙古集宁路古城窖藏中大量出现的印花装饰有莲叶纹旁有"清河"字样的题铭和饰有阳印菊花纹样的盘[1]，新安沉船也出水有釉色豆青、内底模印菊花纹样的盘类器物，可以断定是龙泉窑永

---

[1] 陈永志主编：《内蒙古集宁路古城窖藏出土瓷器》内蒙古自治区文物考古研究所，文物出版社，2004年。

嘉类型的产品。三上次男先生《陶瓷之路》一书中提到的有一种贴花青瓷碗，即在碗的内底粘贴菊花状花纹，外底圈足中央开有一圆孔，永嘉朱涂乡大山窑址出土了这类产品，由此得知，永嘉类型的产品也用于外销。

（二）泰顺类型　泰顺县位于浙江的南端，与福建相连。因此受其影响，瓷业生产中产品的面貌较为复杂。从宋代开始这一地区的一些窑场烧造青白瓷，产品的质量高。龙泉窑的烧造始于南宋，典型的窑址位于泰顺县的洪口碗窑村，是一个范围非常大的窑址群。1985年浙江省文物考古研究所对该窑址群进行过全面的调查，1995年为配合水利工程又对该窑址进行考古发掘，获得了大量的器物标本，这些出土品从器物的造型、种类到纹样装饰，与龙泉窑同期产品比较，它大规模地烧造主要在元代。元代的产品大都与龙泉窑同时期的器物种类相同，有莲瓣钵、凤耳瓶、鬲炉、弦纹炉、双鱼洗、瓜棱壶等。也烧造高达80多公分的大花瓶，底为大平底。和龙泉窑相同的产品比较，它们的区别表现为胎质粗疏，釉多呈青灰色，光亮度好。开有细碎冰裂纹。最大的特点，不管何种器物均采用泥点叠烧，因此圈足均露胎，呈瓦灰色，圈足足端较宽平，上留有三或者四点的泥点，大的鬲炉内底也有泥点，为器物叠烧所致。装饰手法主要为贴花，极少采用印花。装饰题材有双鱼、缠枝牡丹。由于釉层较厚，乳浊感强，装饰的纹样表现得非常模糊。

（三）文成类型　典型的窑址以珊溪水库的下山窑址为主，大量烧造内壁刻画有双线"S"形的划纹碗和刻有"金玉满堂"的碗，釉色泛黄，釉质干涩，产品粗制，与典型的龙泉窑相比，在烧造方式上完全不同，它的烧造方式却是在碗内底用四个粗大的泥点支烧。

（四）丽水保定类型　保定窑址位于丽水碧湖保定村，有窑址13处，其中12号窑址为宋窑，其余均属元、明时代，烧制产品以碗为主，胎壁厚实，釉色呈豆青和豆绿色，碗内印有花卉，题材有葵花和荷花，文字以八思巴文多见。

（五）缙云大溪滩类型　大溪滩窑址群位于浙江省丽水市缙云县壶镇大溪滩村，烧制的器物有碗、盘、碟、盏、壶、碾钵、香炉等，其中以碗、盘、碾钵多见，多见日用器皿，在装饰技法上以刻画为主，也有模印"清凉河滨"、"河滨遗范"、"金玉满堂"款识。题材以花草居多，其中以碾钵最能体现缙云大溪类型的地域特色，较之典型龙泉窑宋元时期陈设器的各式瓶、炉器类基本不见，纯正的釉色少见，制作更为随意粗率。

地域类型的产品，往往根据当地瓷土原料的特点烧造适合的某种产品。在装饰方法的应用上加以选择，同时一些地域性的传统制瓷工艺直接影响到生产的产品中。因此龙泉窑地域类型的产品与龙泉窑中心地区烧造的典型龙泉窑产品，存在着诸多的区别。

第六章 龙泉青瓷的内销和外销

一、龙泉青瓷的内销

有宋一代，浙江瓷业烧造的地域广阔，各地窑场林立，窑口众多构成了浙江瓷业空前的繁荣，除浙江各地窑址考古资料外，全国各地墓葬、窖藏、城市遗迹出土的龙泉窑器物，为浙江古代陶瓷的研究提供了大量的实物资料，特别是有纪年的墓葬资料，为陶瓷史的研究提供了可靠的断代依据。在浙江有纪年的北宋墓葬中，少见本地的青瓷产品，多随葬外省的青白瓷。随葬有龙泉窑青瓷的纪年墓，是一些特制随葬明器，如龙泉塔石乡秋畈村元丰元年（1078）墓出土的五管瓶。南宋初年的杭州半山绍兴十九年（1149）墓，随葬中出土的有定窑碗、影青碗和高丽瓷碗，而未见龙泉窑产品。杭州北大桥宋墓出土的龙泉窑青瓷刻画婴戏碗，釉色青绿，透明度好，碗内壁刻画一赤裸的婴孩和两朵莲荷，是龙泉窑南宋中期的青瓷佳作。南宋中晚期后，随葬龙泉窑产品的现象明显增多，有丽水南宋嘉定壬午年（1222）李垕妻姜氏墓出土的印花粉盒、盂形罐、鼓钉三足炉、象纽盖罐，浙江丽水南宋宝庆二年（1226）何儋夫妇墓出土的梅瓶。德清县乾元山咸淳四年（1268）出土的觯瓶和鬲式炉，云和正屏山南宋祐淳八年（1248）出土的鬲炉，米黄色厚釉，釉面有开片现象，足端露胎。其他无明确纪年的墓葬有：湖州市下昂乡石泉村坟山头南宋墓葬，出土有鱼耳炉、青瓷杯和把杯；桐庐象山桥南宋后期墓，出土有龙泉窑鬲式炉（残），粉青厚釉，胎白，胎质细腻致密，足端处露朱褐色。出土的龙泉窑青瓷，不仅在青瓷工艺上的变化，釉色粉青，胎白细致，釉泽纯厚，一方面说明了龙泉窑的产品，进入了人们的日常生活，并深受喜爱，另一方面"由随葬品体现的丧葬习俗的世俗化倾向，是浙江南宋墓葬重要的特征之一[1]"。随葬器物中

---

[1] 浙江省文物考古研究所编著：《浙江宋墓》，科学出版社，2009年10月。

组合的变化，反映当时社会生活的现实，墓葬中瓶和炉的组合，也是宋人常见的居家陈设。在这些出土龙泉窑的随葬器物中，有一种器物是大部分墓葬都有出土，即青瓷小炉，南宋时期，焚香成为生活的常态，龙泉窑生产的香炉已成为书斋和闺房的重要器具，南宋著名诗人杨万里有《焚香》诗："琢瓷作鼎碧于水，削银为叶轻似纸；不文不武火力均，闭阁下帘风不起；诗人自炷古龙诞，但令有香不见烟；素馨欲开茉莉折，底处龙诞和檀机；平生饱食山林味，不奈此香殊妩媚；忽儿急取蒸木犀，却作书生真富贵"。用"琢瓷作鼎碧于水"句，来形容香炉的造型和釉色，也是对龙泉窑鼎式小炉非常形象生动的说明。南宋时期，好古之风，蔓延至社会的各个角落，青铜器和仿古青瓷成为重要的陈设品，香器中的炉具，模仿最多的是各式青铜器造型的炉，也是龙泉窑大量烧制仿古炉式样的重要原因。南宋末期纪年墓有衢州市柯城区浮石乡瓜园村南宋咸淳十年（1274）史绳祖墓出土的龙泉窑青瓷莲瓣碗。丽水市三岩寺金桥头村南宋德祐元年（1275）叶梦登妻潘氏墓青瓷莲瓣碗，又少见了这种香炉，通过南宋时期浙江墓葬出土的龙泉青瓷，具象地反映了当时社会的流行风尚。元代，除杭州大德六年（1302）鲜于枢墓出土的鼎式炉和贯耳瓶，龙泉窑产品多出自于窖藏，它们有：杭州朝晖路窖藏[2]，浙江青田前路街元代窖藏[3]出土的器物有葫芦瓶、八卦炉、瓜棱罐、玉壶春瓶、盘、碗、碟、高足杯、净瓶、瓶座、大盘，浙江泰顺元代窖藏瓷器[4]出土的牧牛砚滴、玉壶春瓶、把杯碟、高足杯。

龙泉窑作为一个历近千年，烧造地域广阔的庞大窑系，它的销售区域遍及全国许多地区，出土范围之广，器物年代的延续时间之长，都居于国内窑口的魁首。考古资料显示，南宋晚期在江西地区较多见。其他的有辽宁省朝阳市元代窖藏出土的青瓷碗、高足杯[5]；河北省石家庄后太保村史氏家族墓[6]，出土器物中的刻莲纹碗、青瓷匜、凸棱罐；灵寿县元至治二年墓出土的刻画莲纹盘、刻画卷草纹盘、印花折枝纹盘等；河南郏城窖藏出土的高足杯、建筑工地出土的刻花碗[7]。陕西是龙泉窑出土较多的地方，出土龙泉窑瓷器的遗址主要有窖藏、墓葬和文化堆积层，南宋龙泉窑器物有竹节纹长颈瓶、渣斗、莲瓣盖碗、莲瓣纹碗。元代的龙泉窑器物有双鱼洗、蔗段洗、莲瓣纹碗[8]。江苏淮安出土主要在河床遗址堆积中，多见明龙泉器物。江苏镇江出土的龙泉窑器物主要出土于墓葬、窖藏和城市遗址中，延续的时代较长，最为典型的是市郊登云山润州高僧冲照大师墓出土的北宋龙泉窑青瓷莲瓣纹碗，是龙泉在外省随葬年代较早的产品[9]。主要在长江三峡地区南宋窖藏出土的龙泉窑青瓷有重庆、四川出土的荣昌窖藏、遂宁窖藏、忠县窖藏[10]，这些都可谓精品，制作精良。文献记载的"然上等价高，皆转货他处，县官未尝见也"，即是当时的真实写照。比较不同时代龙泉窑青瓷在全国各地出土的特点，南宋时期主要出土于墓葬，元代则是每处窖藏必有龙泉窑产品，特别是广西桂林出土有龙泉窑产

---

[2] 桑坚信：《杭州市发现元代窖藏》，《文物》，1989年第11期。
[3] 王友忠：《浙江青田县前路元代窖藏》，《考古》，2001年第5期。
[4] 金柏东等：《浙江泰顺元代窖藏瓷器》，《文物》，1986年第1期。
[5] 《辽宁朝阳元代窖藏瓷器》，《文物》，1989年第11期。
[6] 穆青：《河北出土的元明龙泉窑的瓷器》，《龙泉窑研究》，故宫出版社，2011年。
[7] 张增午 张振海：《河南存留龙泉窑青瓷杂录》，《龙泉窑研究》，故宫出版社，2011年。
[8] 王小蒙：《陕西出土的龙泉窑瓷器——兼论龙泉青瓷在陕西的地位和影响》，见《龙泉窑研究》，故宫出版社，2011年。
[9] 刘丽文：《镇江出土的龙泉窑瓷器的研究》，见《龙泉窑研究》，故宫出版社，2011年。
[10] 董小陈、陈丽琼：《长江三峡地区窖藏出土的宋元龙泉窑出土的瓷器》，见《龙泉窑研究》，故宫出版社，2011年。

品，对元明时期的广西窑业产生了很大的影响，一些器物直接被仿烧[11]。福建宋元窑业的发展，与龙泉窑更是密不可分，出现了与龙泉窑器类相同的"土龙泉"[12]。

南宋龙泉窑，内销的器物品类要好于外销，精品很少外销。国内元代窖藏出土的龙泉窑产品，器类上基本为日常生活用品，用于外销的品种器类更为丰富。明代龙泉窑在全国出土的地域仍然非常广泛，多出自于墓葬，特别是邻近省份福建、江西、江苏有纪年的贵族墓葬，出土的器物都是龙泉窑同时代的精品。

二、文献的记载和龙泉窑产品外销的地点

龙泉窑产生伊始，即与外销密不可分。浙江的瓷业外销，早在唐代就开辟了海上"陶瓷之路"。宋初只在广州设市舶司，南宋时期为了增加政府的财政收入，提倡与鼓励海外贸易。特别是造船业和航海技术的发达，海外贸易十分的频繁。赵汝适在任福建路市舶提举时所撰的《诸蕃志》是宋代瓷器外销记载最详尽的文献，它记述了当时我国与亚洲地区五十多个国家和地区有贸易往来，其中有三十多个国家和地区有陶瓷贸易。元代江西南昌商人汪大渊曾多次出洋贸易，历经越南、泰国、新加坡、柬埔寨、马来西亚、菲律宾等50多个国家和地区，归国后在泉州撰有《岛夷志略》一书，书中记载大量有关"青瓷、处州瓷、青器"的贸易情况。元代人周达观所写的《真腊风土记》也有元瓷外销的记述。

由于龙泉窑产品的大量外销，近几十年来，亚洲、非洲等许多的国家都有各时代的龙泉窑产品出土。

南宋早期，日本发现许多薄釉、厚胎、刻画花的龙泉窑典型产品，主要的器物种类是碗、盘之类。南宋中期以后一类是厚胎、薄釉、外壁刻有宽硕莲瓣纹的碗，同时南宋中期以后的厚釉薄胎产品，在日本被称为"砧青磁"，倍受珍爱，被视为瑰宝。江户时代，日本的儒学家伊藤东涯于享保十二年著《马蝗绊茶瓯记》，对一件龙泉窑的厚釉白胎葵口碗传入日本的经过，以及"马蝗绊"名称由来有详细记载。所谓"马蝗绊"是因为碗由于破裂，为修理裂痕，而嵌入的锔钉，锔钉的形状看上去像大蝗虫，由此而得名，具有传奇色彩而闻名，使其价值倍增。凤耳青瓷瓶，日本西天皇帝用诗"捣月千声又万声"分别赐铭"千声"和"万声"。这些青瓷作为国宝并屡次由天皇赐给功臣和名将。南宋末期到元初时期，最为"引人注目的出土例子，是镰仓的今小路西遗迹，被认为是接近镰仓幕府中心的最高阶级武士的居所之处，曾出土大量上等龙泉青瓷，如荷叶形盖罐、大盘、钵、碗、盘等器，发掘当时该遗迹被认定为1333年"。"12世纪以降，博多出土的贸易陶瓷的数量惊人之多，以龙泉窑系青瓷占主导地位"，几个重要的遗址有博多、太宰府、平安京、平泉柳之御所、镰仓、草户千轩、胜连城址、今归仁城址、尻八馆中世山城遗址[13]。据传，明初，日本京都"天龙寺"的梦窗国师坐"天龙寺"船舶从中国回国，带去了龙泉牡丹纹香炉。后日本把这一时期相同类型的产品称为天龙寺青瓷。

据日本史籍《历代宝案》记载，在洪武元年（1425）、宣德二年（1427）、正统元年（1436）、天顺八年（1464）、成化五年（1469）等，暹罗共19次派使节到琉球国，赠送青瓷，同时也仿烧龙泉窑的产品。

高丽青瓷即学习和吸收了当时北宋时期的越窑窑炉技术和工艺技法，模仿越窑的器物种类和装饰纹样加以烧制。南宋时期的龙泉窑同样对高丽青瓷产生了重大的影响。近年来在发掘的高丽古墓中，就出土有模印"河滨遗范"铭文的龙泉青瓷碗。同时也

---

[11] 李铧：《桂林出土的龙泉窑瓷器及其对桂北青瓷瓷业的影响》，见《龙泉窑研究》，故宫出版社，2011年。
[12] 栗建安：《福建仿龙泉青瓷的几个问题》，《东方博物》，杭州大学出版社，第三辑，1999年。
[13] 芢岚：《7—14世纪中日文化交流的考古学研究》，中国社会科学出版社，2001年。

有仿烧龙泉窑的莲瓣碗、槌形瓶等器物类型。1976年在韩国新安海底沉船中打捞上来的20691件瓷器中，其中60%为龙泉窑青瓷[14]，器物种类繁多，几乎囊括了元代龙泉窑烧造的所有产品种类。

根据目前的考古资料看[15]，印尼和泰国出土的龙泉青瓷的遗址较多，另外有菲律宾、马来西亚、新加坡、柬埔寨、越南、文莱。

马来西亚的吉打地区、沙老越地区、马六甲、旧柔佛城，都发掘出土了宋至明代的龙泉窑瓷器。

越南红河流域及北部清化各地的古墓中都有龙泉青瓷出土。

菲律宾很多岛屿都发现有许多龙泉青瓷，包括碗、碟、香炉、小壶、小罐、小瓶等。

巴基斯坦卡拉奇东郊的曼波尔、布拉纳巴、巴博，斯里兰卡、马霍城塞、雅巴佛巴，伊朗波斯湾沿岸地伊拉克的瓦吉特、库底西旺福、萨马拉，叙利亚的哈马城和黎巴嫩的巴勒贝克废墟，土耳其的伊斯坦布尔，都发现了大量的宋元时期的龙泉窑产品。

明代的龙泉窑产品有很多流传到泰国了，同时成为使节出国访问所携带的珍贵礼品。

在非洲发现的中国古瓷中[16]，龙泉瓷仅次于青花瓷，宋元时期以龙泉窑瓷器数量最多。北非埃及的福斯塔特，出土器物的类型有：北宋时期的两面刻画花碗、南宋时期的内壁刻画碗、外壁刻莲瓣纹、素面的器型有浅腹洗、小盅、盘口瓶、粉盒等。元代的狭长莲瓣的碗、盖罐、敛口钵，元中期以后的产品，弦纹碗、刻画束颈钵、双鱼洗，折沿大盘有双鱼、龙珠纹、折沿菱形口菊纹大盘，明代的碗有印纹福字、细菊纹。

基尔瓦是东非的"福斯塔特"。出土的龙泉窑器物有：北宋的内外壁刻画碗；南宋的内外壁均有刻画花的碗，素面洗；元代典型的产品有双鱼洗、瓜棱纹罐、莲瓣纹小碗等。

明弘治十七年（1504），罗马大主教华尔哈姆（Warham）赠送给英国牛津大学一只青瓷碗，被称为"华尔哈姆碗"，据说是第一件流传到欧洲的青瓷。16世纪以后，欧洲商人摆脱了阿拉伯商人对远东贸易的垄断，直接向中国商人们大量订购龙泉窑青瓷。当龙泉青瓷第一次出现在法国市场上，人们为它青绿的釉色惊叹，简直不知用什么名称来称呼。后来以在当时巴黎盛演的《牧羊女亚司泰》中男主人公雪拉同(Celadon)身着的漂亮的青色衣服来命名。

三、龙泉窑产品外销的特点

龙泉窑青瓷的大量外销，大大促进了中外文化的交流。数十年来在陶瓷之路经过的这些古城址、古遗迹、古墓葬以及古代沉船遗存都发现有龙泉青瓷。我国在水下考古工作中，获得一批沉船遗址出水的各时代龙泉窑器物，较重要的沉船遗址有：福建平潭大练岛西海屿、福建漳州龙海半洋欺礁、广东阳江"南海一号"、平潭小练岛、平潭"大练1号"、西沙群岛"北礁1号、北礁3号"、银屿1号。时代上从北宋晚期延续到元代晚期，表明了"龙泉窑产品的外销与其窑业生产的发展是同步的[17]"。

北宋时期龙泉窑已经初具规模，从那时起产品就开始销往海外，但数量极少，产品单一。

南宋早期是龙泉窑重要的发展阶段，也是龙泉窑自身风格形成的时期。龙泉窑产品外销的数量开始增多，但产品的种类与内销的产品没有区别。福建平潭大练岛西南屿沉船遗址，出水的产品类型为：外壁斜刻折扇纹，内壁为刻画花荷花碗、铜罗底盘等器物。南宋中期的龙泉窑，出现了厚胎薄釉和薄胎厚釉两种不同类型的产品，但厚釉产品更多用于文化、

---

[14] 《新安海底遗物》资料篇Ⅱ 韩国文化公报部 文化财管理局，1984年。
[15] 三上次男：《陶瓷之路—访东西文明的接点》，见中国古陶瓷研究会、中国古陶瓷研究会编《中国古外销陶瓷研究瓷料》第三辑，1983年。
[16] 马文宽、孟凡人：《中国古瓷在非洲的发现》，紫禁城出版社出版，1987年10月。
[17] 栗建安：《我国沉船遗址出水的龙泉窑瓷器》，见《龙泉窑研究》，故宫出版社，2011年。

宗教交流的馈赠。作为商品外销的仍是薄釉厚胎传统产品，广东阳江"南海一号"出水的龙泉窑产品，在种类上以碗、盘类日常用品居多，特别是一种盘：菊瓣口，浅弧腹，圈足，施釉，足心无釉露胎，内外满刻菊瓣纹，十分少见。

从元代开始，瓷器大量地输出海外，深受各国人民的喜爱，并深入到当地人们的生活、文化、宗教等各个领域，产生了重大的影响，反过来影响瓷器为外销而生产的器物种类，各地对瓷器的品种有一定的选择性，这种地区差异的形成是由当地经济水平、购买能力、风俗习惯等因素决定的，由此出现了真正意义上的外销瓷。龙泉窑产品中的一些巨制大盘，小型罐、壶等器类，是为了迎合当地人民的饮食习惯和生活习俗，根据不同地区的需求，定向设计生产，同时对外来文化器物的特点加以吸纳和借鉴。因此元代的龙泉窑产品的外销不管在数量上还是产品种类上都是龙泉窑的发展历史上前所未有的。销售的对象包括了海外的各个阶层。1976年在韩国全罗道新安郡海底发现的一艘沉船中大量的龙泉窑产品就是一个明证，数量之多，品种之丰富，都说明了龙泉窑在元代外销的状况。

明代时期：龙泉窑的外销势头没有减弱，在早期，龙泉窑生产由于宫廷的重视一度兴盛，因此对外销产生了影响。即使在明代中期，龙泉窑的青瓷在外销产品所占的份额还是很大的，由于这一时期的产品质量总体有所下降，因此外销的产品也出现了相应的变化，在菲律宾海域发现的一艘弘治年间沉船，所载的大批龙泉窑青瓷是碗、盘之类的日常生活用品，据《龙泉县志》载："崇祯十四年（1641）七月，由福州运往日本瓷器27000件，同年10月有大、小97艘船舶运出龙泉青瓷30000件，在日本长崎上岸"。由此可见，明中后期的龙泉窑产品在海外市场仍占据一定的数量。

第七章

龙泉窑产品的仿烧和辨伪

在龙泉窑800余年的烧造历史中，不同的历史时期都有着鲜明的时代风格，南宋的龙泉窑更以其莹润如玉的粉青和梅子青称绝一时，深受海内外人士的喜爱，各地纷纷对龙泉窑的产品进行仿烧。这种刻意的仿烧。往往选择一种或一类产品，有不同时代的，不同的烧造技术和制作工艺，也可以完全分属不同文化背景的国家。

国外仿烧龙泉窑产品成为世界性的现象，福斯塔特是当时埃及的政治、经济中心，制陶业十分发达。中国陶瓷源源不断地输入，对当地的制陶业产生了巨大的影响，由此仿烧中国的瓷器。仿烧龙泉窑的产品有北宋的划花篦点纹碗、元代的双鱼小盘、菊纹贴花碗。高丽瓷，它与中国的瓷业有着深厚的渊源，韩国国立中央博物馆收藏有一件南宋的青瓷模印莲花碗，烧造的方法为三个支钉烧造法，支钉的断面为白色。但它莲叶舒展的纹样布局，碗的直口、垂腹、矮圈足的造型与龙泉窑早期的碗如出一辙，从中可以看出这种交流。龙泉窑在南宋时期生产的平口长颈瓶、莲瓣碗，高丽瓷也有仿制。特点是釉色稍深，平底，支钉支烧。特别是一种盛行在两宋时期的温碗，南宋初期龙泉窑刻画有荷花的纹样，高丽瓷中模仿得非常像，只是胎的深灰色泽和细腻的质地与龙泉窑的同类产品相区别。元明时期龙泉窑烧造的青瓷大盘，仿的国家有泰国（图49）、越南等。伊朗所仿龙泉青瓷有以下几个特征：1. 一般较厚重。2. 胎、釉结合度较差，在口沿部分多有剥釉现象。3. 釉色多为浅绿偏黄。4. 釉中普遍呈现有淡红丝的现象。5. 有部分出现干漆般的釉面。6. 圈足上有乳丁状的突起物[1]。

国外所仿的龙泉窑产品，因为采用的是当地的瓷土原料，使用的是当地传统的烧制技术，尽管模仿的器物很明确，但只能达到形似而质异的效果。同时仿烧的这些产品，却以间接的方式，传达出这个地区和时代的特有的产品风貌。

---

[1] 汪庆正：《土耳其托布卡比宫中国藏瓷记略》，《文博研究论集》，上海古籍出版社。

在国内，景德镇仿烧龙泉窑产品延续的时间最长，从元代开始到清代，凭借着雄厚的烧瓷技艺，仿烧器物品种丰富。最大的特点，不是对龙泉窑产品机械的模仿，而是在注重釉色的基础上，对器物的品种和造型加以创新。清《南窑笔记》有仿龙泉窑的记载："今南昌仿龙泉深得其法，用麻油釉入紫金釉，用乐平绿石少许，肥润翠艳不亚于古窑"。

清末民初之时，日本、德国、美国先后有人来龙泉搜收青瓷，继后国内大批古董商纷至沓来。由此，引发了龙泉挖掘古窑址和盗掘古墓之风。民国三十三年（1944）龙泉县县长徐渊若著《哥窑与弟窑》称："……大约在光绪二十年（1894）前后，德教士奔德购地垦种，发现古瓷，流传国外，始引起各方注意。光绪二十八年（1902）小梅吴井兰、城区廖献忠等，至大窑发动村民，采掘一种钢筋炉（鬲炉），终在叶坞底掘出，由吴井兰购去，村民方知地下埋有此贵重之古物。继在村内大堂后踊跃发掘，深入山地数十丈，掘出古物多种，并发现古庙址一所……至光绪三十年（1904），上海古玩商日人天野静之，首来大窑收购，侧重于钢筋炉及小件瓷器。继之有日人松田元哲来购。至宣统二年（1910），福州南台大和药房主人日人行原始平至大窑，嗣后年必数次，首尾十余年，至则必住月余，随带有参考书籍，据称钢筋炉形式奇妙，质料细纯，适于装饰，脱手较易。行原曾在大窑与村民合作发掘，遇有未成熟之瓷坯，即加以复窑；破碎者加以修整。又倡导加彩之可贵，是以钢筋炉及加彩品，均一经品题，身价十倍。"

民初奉令开垦墓园，发现古瓷，遂有多人到处寻掘古墓。其出品则有鬲炉、鼎炉、八卦鼓钉、凸花牡丹炉、凤耳瓶、鲤鱼瓶、凸花瓶、龙虎瓶、五德壶（五管瓶）等，及后江苏松江胡协记，上海周黄生、江西沈翰屏，福州方振远，宁波周奎龄、葛文慰，永嘉王绍隶等客商，相继前来采购，知事杨毓奇亦亲往巡视；掘地发墓者益众。民国十六年（1927），美人洪罗道来收罗名瓷，履勘发掘地址，且将各类瓷器摄影留念；德国亦有领事至大窑拍摄采掘地点；法人某由松阳天主堂介绍前来，专集碎片，成箱运往法国；日人尚有九井等相继而来。大窑已渐成世界考究哥窑之圣地。溪口、墩头方面之哥窑，过去无人注意，至民国二十八年十月间，有江西客商章九堤、王少泉等前来采购，始认真开掘，遂知有铁骨、铁沙底、铜边、铁足等区别……溪口之旧窑址，上层均系普通之龙泉窑，三十年来，更发掘而下，始发现现时之薄胎铁骨。"与此同时龙泉当地研制仿古青瓷之风大盛。一批民间制瓷艺人纷纷加入此行，清光绪、宣统年间孙坑范祖绐、祖裘兄弟制仿古青瓷。至民国初期，县城廖献忠（清秀才）仿古制品几可乱真。宝溪乡陈佐汉、张高礼、张高乐、李君义以及龚庆芳、龚庆靖、龚庆平兄弟，八都吴兰亭、吴庆麟、蒋建寅、黄观光，木岱口徐子聪等亦仿制古青瓷。龙泉县县长徐渊若著《哥窑与弟窑》记载："……有时颇可混珠，若用药品去新光，更于底部或边缘略碎米许，则好古者亦易上钩。盖二章之器，殆无完璧，仅损米许，已属可珍，若不故损一二，则购者必疑赝品，若毁过多，则价不能索过，故仅损米许，可使人惊喜欲狂也。"民国三十四年，陈佐汉曾将仿古弟窑产品"牡丹瓶""凤耳瓶"等70余件邮寄国民政府实业部请功，获蒋介石题赠"艺精陶仿"匾。陈佐汉还遍访龙泉、浦城各地，将民间发掘收藏之古龙泉青瓷器绘图100余幅，集成《古龙泉窑宝物图录》。1950年陈又将"云鹤盘"等3件仿古青瓷通过外交途径送往苏联，为庆祝斯大林70寿诞献礼。民国时期烧制的仿古青瓷，工艺落后，成品率低，釉色优劣不稳，有的仿古青瓷加以伪造，如南宋时期的蟠龙瓶，把龙纹堆塑成鹤纹。几可乱真的传世仿品也不多见。

1956年龙泉瓷厂恢复生产，新仿龙泉窑，浙江省博物馆收藏了一批解放后烧制的仿龙泉窑产品，主要是根据南宋龙泉窑器物形制，如：双鱼洗、鬲炉、牡丹纹大瓶等器物，但仿制得不刻意。1959年，成立了浙江省龙泉青瓷恢复委员会，由科研、生产、文物考古等部门组成，在对龙泉窑大规模考古发掘的同时，龙泉瓷厂的研制工作取得很大的成功，不仅使传统的龙泉青瓷获得了新生，还创烧了许多新的器物品种。20世纪80年代始，一些龙泉大型的瓷厂烧造的龙泉窑青瓷，以仿古工艺品的形式大批量地生产。

近年来随着文物收藏热的兴起，受经济利益的驱使，为获取高额利润，各种文物作假应运而生。龙泉窑青瓷的作伪，从民间简陋小窑的个体作坊到陶瓷专家精心的高仿，不仅从造型、釉色、纹饰上力求逼真，还用特殊的技术进行作旧处理，企图以假乱真，这就使文物市场中出现了许多赝品。这就要求文物爱好者和收藏者具备一定的知识，以大量的经过科学考古发掘，应用地层学和类型学排比，特别是纪年墓出土的标准器为依据，结合科学的测试手段，了解掌握作伪的各种方法，对经过考古发掘各窑口窑址出土的器物标本，应用地层学和类型学排比的时代特征和演变规律，要熟记于心。特别是有纪年的墓葬、窖藏、沉船等考古遗迹出土的标准器，都是我们断代和判定窑口的主要依据。龙泉窑青瓷的作伪，主要有三种形式：一种是完全的模仿，近乎于复制，选择一种器型为摹本，从造型、纹饰、烧造方法等各方面模制；另一种为选择所需龙泉窑产品的造型，不拘泥于原物的大小、比例，做到相似的程度；再一种就是凭主观的想象，在造型上画蛇添足，而且在动物、人物题材上胡编乱造。虽然概括为这三种作伪的形式，但作伪的手段却是多种多样，明谷应泰《博物要览》云："有一种覆烧者，取旧官哥瓷，如炉欠耳足，瓶损口棱，以旧补旧加以釉药，一火烧成，与旧制无二。"此法今日也用，有的是器底用真器物的底部残片，和新制的器身拼接起来，施釉后再置窑重烧。有的把残缺的口沿、把柄、流、耳进行修补。有些则是反其道而行之，仿烧完成后敲出裂痕，或砸成残片，因此在具体的鉴别真伪中却要复杂得多。这就要求文物爱好者和收藏者日积月累多看真品，具备一定的文物考古知识，结合各种科学的测试手段，了解当今各种作伪的技术手段。下面我们试从几个方面，谈谈对龙泉窑青瓷的辨伪。

一、年代判断

确定一件器物大致的年代，可以从直观上去分析，因为在每件器物上或多或少都带有一个时代的总体特征，龙泉窑创烧于北宋初年，发展于北宋中晚期，这一时期的浙江瓷业窑口林立，是逐渐兴起和趋于衰落的不同窑口共存的阶段，在产品上所表现出来的共同的装饰特征，即繁缛刻画花的盛行。因此要对这些具有共同特征的器物风格，所产生的时代背景和文化内涵有所了解，如南宋与官窑产品的比较，元代外来文化的因素，明早期的宫廷风格，会有助于加深对每个时代器物总体风格的认识。

二、器型辨伪

不同时代的器物组合和造型特点，是当时社会的风尚和习俗所决定的。浙江陶瓷发展史上，春秋战国时期的原始瓷中的许多器物类型，是以当时代替青铜礼器的功能为背景产生，西晋时期是浙江青瓷的一个大的发展阶段，器物的种类大增，形成了以动物造型为器类的特点。唐宋时期的越窑，多模仿金银器精致细巧的造型。宋代厚古风尚，使南宋官窑烧制了许多礼器、祭器、陈设品，也使南宋龙泉窑仿古类造型产品盛行。由于海外的需求，元代龙泉窑表现出许多异域风情。因此不同时代的龙泉窑产品，都有它清晰的演变轨迹。从形制上，它的用途符合当时的生活习俗和审美特点，形成了那个时代特有的器物形制。仿烧往往选每个时代龙泉窑的典型产品，如北宋的执壶、五管瓶，南宋的莲瓣碗、凤耳瓶、鬲式炉，元代的牡丹纹凤尾瓶、刻画花大盘、各式香炉等器物。根据精仿和粗仿的需要，成型工艺上采用传统的手拉、模制等工艺技法。仿品很少是对照真品的实物进行仿烧，因此造型上线条呆板，缺乏神韵，颈肩部的转折十分生硬，足端部过于整齐，器型比例失调，器物形制的规格和尺寸不够规范。这些仿烧的器物，很难做到形神皆备，体现时代的风貌。有些在原有的器物造型上凭主观臆想，添加装饰，如在五管瓶的每个管上塑一尊小佛像，南宋时期蟠龙瓶的龙纹堆塑成鹤纹，显得杂碎烦琐，不伦不类。这类产品应该是在辨伪中较容易鉴别的。

三、胎釉

龙泉窑的釉和胎每个时代都有它特定的成分，相应的烧造工艺。因此，龙泉窑不同时代胎骨的呈色、质地的粗疏和细腻、釉的色泽和质地都不尽相同。以釉色和造型取胜的南宋龙泉窑的白胎类厚釉产品，是仿烧产品中较多的一类，有凤耳瓶、鬲炉，这类产品就单纯地从对粉青、梅子青釉的仿烧，一般釉料不用化学配方，而沿用传统配方，即在瓷土中有选择地加入植物草木灰，尽管釉的质感非常像，但缺乏内敛的厚实感，往往浮光隐现。仿龙泉窑的黑胎类厚釉产品，主要表现是它的开片和"紫口铁足"，但它薄胎厚釉的工艺特点，在一定程度上，更甚于南宋官窑，釉的厚度超过了胎的厚度，在仿制技术上的难度大，同时这类产品完整器物存世较少，也没有典型器物可以借鉴。明代龙泉窑豆青和深绿的釉色，胎壁厚重，器底粗糙，是现代仿制较容易掌握的，这类产品需仔细辨别。器物作伪一个重要的工序，就是对器物的作旧，主要对釉表面进行去光处理，它手法多样。主要采用强酸溶液腐蚀、地埋，一些工业技术上的打磨，目的是降低器表的光亮程度，使釉色柔和滋润，器物沉稳古朴。梅子青釉器物主要在南宋后期出现，在火候上显然要比粉青釉高，因此釉质上较透彻些。而仿作烧造的器物釉色上虽然接近，但釉层变厚，釉的质感很难表现出来，质地过于光泽，有些作旧处理的，又变得干燥枯涩。近年来有专家学者对经过作旧处理的器表损伤，在高倍显微镜下表现出的不同显像，作了归纳和总结，成为了对古陶瓷辨伪的科学手段。

四、纹饰辨伪

应该包括纹样的技法和纹样的题材，以及纹样的布局，纹样的演变是龙泉窑重要的辨伪依据。它集中反映了当时社会的思想观念和审美意趣，流行和崇尚什么样的纹样，都具有深层的社会原因，有的题材可以盛行多个朝代，比如莲荷，从早期的图案化，到后代的写实和写意，贯穿于整个浙江青瓷的烧造历史。有的纹样题材只在特定的时代出现，如元代的"心猿意马"纹样。而把这些纹样题材表现出来的装饰技法，也是多种多样，不同的时代根据胎釉的特点侧重不同的装饰技法，如釉的透明，往往是刻画技法的盛行，乳浊性强的釉，盛行的是堆塑、贴花之类的有浮雕感的装饰，而伪品的刻画纹样，往往用笔生涩拘谨，不如真品线条的婉转流畅。贴花工艺的纹饰呆板规矩，不像真品的生动自然。露胎是元代龙泉窑最具特色的装饰工艺，元代龙泉窑特有的葱绿釉色和露胎赭红色的相衬，别有意趣，露胎的工艺，延续至明代中期，由于不同的时期，胎釉的成分不同，表现出不同的深浅色泽，明代中期浅青色釉和呈现的是浅黄色的胎，使露胎的特点与元代龙泉窑的完全不同，对这类产品的仿烧，或浅或深，很难准确把握釉和胎的呈色。

在纹样的布局上，特别是采用刻画印花技法的纹样。在碗盘类产品，北宋早期的纤细线条。北宋中晚期的龙泉窑是两面刻画，南宋早期又演变为内壁，南宋中晚期为外壁，元代主要为内底，明清的龙泉窑又成为了双面繁密的花纹，但同样是刻画花，也不是简单的重复，因为不同时期釉的质感不同，呈现出不同的产品面貌。纹饰是龙泉窑产品重要的辨伪依据。纹饰集中地反映了当时社会的思想观念和审美意趣，有明显的发展脉络，它与同时期的胎釉有一个相辅相成的关系，使它的纹样形成了固定的构图和布局，有着明显的时代特征和演变规律，娴熟的技巧使纹样表现得婉转流畅。而伪品会出现线条上的随意增减，也会出现时代上顺序早晚的颠倒。

五、制瓷工艺

包括了制作成型技术和烧造方法，追溯浙江青瓷制瓷工艺的发展历程，早期的原始青瓷淘洗水平的限制，表现为胎质的粗疏，春秋战国原始瓷杯、盘，由于制作工序，往往在内壁留有大量旋状纹，同时期的一些炉、鼎器类的耳、錾等附件，因为采用手捏制的方法，随意性很大，形成不规则的状态。而仿品，因为是机械操作，这些附件的转折部位切割得平整，非常的整齐划一。五代至北宋初期的越窑，它的造型往往是仿金银器的做法，表现在圈足的外卷，因此制作工艺上，器身和圈足成为二次成型后衔接为一体的工艺特点，使造型显得轻盈细巧，这种制作也出现在老虎洞窑址出土的部分器物上。而伪品不使用该成型工艺，无法达到真品的造型特点。龙泉窑南宋后期出现的大罐底部的工艺特征，圈足内部二层台形式，元代罐瓶底贴合的工艺，特别是元代龙泉窑，烧造地域广，每个窑场各有特点，龙泉的产品，胎体合模的工艺，最早见于龙泉溪口瓦窑垟黑胎类产品，元代的龙泉窑小罐类器物，往往是上下胎合模而成。

装烧技术在青瓷生产的每个发展时期都是不相同的，直接影响到器物的造型，而随不同时代的要求新出

49.泰国仿龙泉窑青瓷大盘
　口径24.5厘米　高8.3厘米

现的器物造型，也会有相应的装烧工艺技术的改进。在装烧技术中，烧造方式是一道重要的工序，由此而形成了同一时期器物的共同特征和演变规律。六朝时期绝大部分器物均为平底的特征，与之相应的烧造方式是用大的泥点支烧。唐宋以后，器物特征的变化，直接影响了垫烧工具的变化，龙泉窑垫烧工具归结起来不外乎垫圈和垫饼两类，垫圈和垫饼两类垫具的使用，反映了龙泉窑不同时代的烧造方式，而同样是垫饼，在不同的时代置放在圈足上的部位也是有区别的，垫饼垫烧的方法直接影响到圈足的形状和修胎的精细程度，以及圈足是否裹釉。北宋时期的碗类，有较高的圈足，垫具上采用高垫圈，圈足内底往往留有间隔垫圈的泥点支烧痕，色白质地较疏松，容易剥落。伪者，则相反。初创时期的龙泉窑的产品，垫具为垫圈，所以在器底，北宋中晚期的龙泉窑产品，垫具改用为垫饼，圈足也修旋得粗率。特别是南宋时期的龙泉窑产品，由于胎薄釉厚，圈足直接放在垫饼上垫烧，极易变形，因此，这一时期的"铁足"、"朱砂足"往往是不规则的。它表现在南宋龙泉窑大小的器类中，而南宋官窑的产品同样的装烧方法，小件器的圈足非常的规矩，在大件器上的圈足有不规则的状况。对这些器物的作伪，一般只参照图录，很少见到实物，而伪品往往在这些细节部分露出破绽。北宋以前的产品，十分完整的少见，多少留有些残疵，主要在圈足部分。因此作伪者往往采用"更于底部或边缘略碎米许"或粘黏支烧痕迹的技法。元代、明代龙泉窑的垫圈较扁，器物的外底圈足内的涩圈，显露出"火石红"，伪者或淡或深，深色为烧前有意刷制。

总之，鉴定龙泉窑的器物应该抓住每个时代产品的典型特征，从造型、纹饰、胎釉、烧造工艺综合总体上去观察。要从总体去把握，用越窑的产品为例：晚唐时代越窑的双系罐，典型的器物出自临安板桥晚唐墓，它釉色青黄，器型偏大。随后五代康陵出土双系罐，形制变小，器腹的弧度有所变化，釉色青绿。笔者所见的伪品双系罐，有着晚唐越窑的青黄釉，造型却是五代的形制，从这种造型和釉色的错位能看出破绽。鉴定龙泉窑的产品，也要熟记出土于纪年墓的典型器物，掌握一些考古学器物类型学的方法，观察分析同一器型在不同时期的变化规律和特征。也要从一些附件的部分，如器物纽安置的部位和形状，器物的转接部位是否有黏接的痕迹。一些有铭文的器物，如墓志罐之类的，要仔细研究它的铭文是否符合同时代书写的习惯，特别是有明确纪年的，是不是后人的称呼，要做细微的观察。

总之，我们既希望有一天，随着科学技术的进步，鉴别辨伪的手段越来越多，同时利用我们的学识、经验对凝聚在器物上所传达出来的信息，去感觉、揣摩和领悟。而这去伪存真的探索过程，不正是文物爱好者和收藏者的乐趣所在吗？

纵观龙泉窑的发展轨迹，自烧造伊始，在不同的历史时期，由于社会和经济的不同，形成的审美取向和习俗差别，造就它发展的原动力，如北宋时期的葬俗文化，使龙泉窑创烧时期独特的器物类型成为区别于其他窑系重要的标志。北宋中后时期，商品经济的发展，市民阶层的兴起，市井的繁华和绘画艺术的兴盛，促使了龙泉窑繁缛纹样的盛行。南宋时期，朝廷偏安江南，官窑民窑的互动，造就了龙泉窑炉火纯青的境界。有元一代，各民族的融合，中外多元文化的交流，龙泉窑形成了气象万千的产品特点。明初宫廷的"定夺样制"，龙泉窑器物呈现的是恢弘巨制，明中期以后的中国社会，文化和商业的结合，形成了热衷收藏古董的社会现象，而这一时期烧造的产品，也成为了龙泉窑生产的最后一抹亮色。

青瓷是悠远的，传统的，在浙江大地上出现伊始，青这种取自于泥土、采撷于大自然的色泽就伴随始终。它产生在我国四季长青的南方，在漫长的烧造历史中，通过火的磨炼，演绎着各种各样的青。商周时期的原始青瓷，是青褐色的；战国时期是青黄色的；东汉时期出现的青，变得纯正起来；晋代的青被咏为"缥瓷"；唐代越窑的青让文人墨客留下了多少天上人间的美好比喻。龙泉窑是把浙江大地上已凝聚了千年的青，推向了无与伦比的极致，又在它的青上，承载了多少历史长河中深邃而厚重的文化。

第八章 名品鉴赏

1. 龙泉青瓷刻花梅瓶　北宋

口径4.8厘米　底径8.4厘米　高30.6厘米

　　浙江省博物馆藏　颈肩处贴对称双系，腹部纵刻七道双股突棱，每面刻长脚如意云气纹，器型修长。龙泉窑初创时期的产品，风格与越窑和瓯窑类同。

2.龙泉窑青瓷九管瓶 北宋

口径5.5厘米　底径8.5厘米　高28厘米

浙江省博物馆藏　器身呈三层台阶状，这类器物上管的数量有五、九、十等，多作明器使用，以祈亡者的子孙长命富贵、幸福吉祥。

3.龙泉窑青瓷莲瓣纹五管瓶 北宋
口径8厘米 底径9.5厘米 高30.7厘米

浙江省博物馆藏 此器深弧腹，肩部刻饰仰莲纹，肩腹部堆饰波浪纹并间以五个花口管，腹部刻画花瓣纹，造型端庄浑厚，施淡青釉，系早期五管瓶的典型器型。五管瓶是龙泉窑初创时期特有的器物类型，它往往与另一类瓶配双成对，是一种当时葬俗所用的随葬品。

4.龙泉窑青瓷五管瓶 北宋
口径7.3厘米 底径7.8厘米 高29.1厘米

龙泉市博物馆藏 浙江龙泉市兰巨乡独田村北宋墓出土，盖呈覆盆形，葫芦形纽。腹部以六条凸棱分隔装饰区，每一装饰区中刻画一变体花叶纹，中填篦纹。盖内墨书"庚戌十二月十一日太原王记"，即北宋熙宁三年（1070年），器物的形制和装饰与前期有所变化。

5.龙泉窑青瓷五管瓶 北宋

口径7.5厘米 底径7.8厘米 高27.9厘米

龙泉市博物馆藏 浙江龙泉市兰塔石乡秋畈村北宋元丰元年（1078年）墓出土。盖呈覆盆形，葫芦形纽，腹部以六条凸棱分隔装饰区，每一装饰区中刻画一变体花叶纹，中填篦纹。是龙泉窑这一时期的典型纹样。

6.龙泉窑青瓷刻花瓶 北宋

口径8.7厘米 底径7.3厘米 高22.4厘米

龙泉市博物馆藏 浙江龙泉市兰塔石乡秋畈村北宋元丰元年（1078年）墓出土。此瓶应有盖，腹部以六条凸棱分隔装饰区，每区中刻有变体花叶纹，图案中填篦纹。这类瓶与五管瓶在随葬组合中成对。

7.龙泉窑青瓷刻花瓶 北宋
　　口径8.3厘米　底径9厘米　通高30厘米

　　浙江省博物馆藏　弧形盖口，平沿子口，花朵形纽。瓶直口短颈，肩腹部塔式三层，一、二层刻直线纹，第三层饰以覆莲纹，并填刻篦纹。下腹圆弧，上半部刻缠枝牡丹纹，下部刻仰莲纹，均填以篦纹。肩部贴塑模印花片六片。是五管瓶的另一种形制。

8.龙泉窑青瓷刻花瓶 北宋

口径8厘米 底径8厘米 通高31.8厘米

龙泉市博物馆藏 为另一种五管瓶的形制,盖纽作狗形,表明用作随葬的特定含义。

9.龙泉窑青瓷刻花瓶 北宋

口径8.7厘米 底径10.6厘米 通高30.6厘米

龙泉市博物馆藏 盖纽作鸡形,与塑有狗纽的五管瓶配对,组合成一对"金鸡玉犬"的随葬器物。

10. 龙泉窑青瓷莲瓣纹瓶

口径9.3厘米　底径9.8厘米　通高27厘米

浙江省博物馆藏　盖覆盆型。腹部以六条凸棱分隔装饰区，每瓣中刻画一变体花叶纹，中填篦纹。与五管瓶的成对器物。

11. 龙泉青瓷堆塑龙瓶　北宋
　　口径5.1厘米　底径6.8厘米　高24.8厘米

　　浙江省博物馆藏　据目前资料，最早的龙泉窑堆塑龙瓶的形制。它的胎釉和纹样题材是北宋中晚龙泉窑常见的装饰风格。

12.龙泉窑青瓷刻花梅瓶 北宋
口径5.5厘米 底径9.4厘米 高35厘米

松阳县博物馆藏 1977年松阳县古市镇出土。全器装饰繁缛，肩为覆莲，下为仰莲，中间为缠枝花卉，内填篦纹，釉色青绿，透明亮泽，外底无釉。代表北宋龙泉窑制瓷水平的一件精品佳作。

13.龙泉窑青瓷刻花碗　南宋
口径16.5厘米　底径5.5厘米　高6.1厘米

浙江省博物馆藏　内壁刻两朵盛开的莲花及荷叶，纹饰舒展流畅又清雅飘逸。外壁刻仰莲纹，瓣内填篦纹。釉色近似粉青，釉质纯净，是精品之作。

14.龙泉窑青瓷刻花碗　南宋
口径18.5厘米　高7.2厘米

浙江省博物馆藏　南宋早期的龙泉窑，釉色逐渐趋于稳定，前期色泽不纯的青黄釉已经很少见，呈现出一种纯净的湖绿色。内壁刻画疏朗写意的荷花纹，是当时的常见纹样。

15.龙泉窑青瓷莲花纹粉盒 北宋

通高3.3厘米

浙江省博物馆藏 盒面刻画折枝莲花,清新优雅、流畅疏朗。写意风格的图案是龙泉窑南宋早期的主要装饰特征。

16.龙泉窑青瓷五管瓶 南宋

口径7厘米 底径6.7厘米 高18.7厘米

浙江省博物馆藏 南宋龙泉窑五管瓶,较之前期,有一个较大的变化,造型趋于简洁,五管仍有保留,纹样基本不见。

17. 龙泉窑青瓷堆塑龙瓶　南宋
口径6厘米　底径7厘米　高23.5厘米

　　浙江省博物馆藏　承接前期堆塑龙瓶的形制，釉色青绿，器腹繁密纹样变化为内填篦线的细长莲瓣纹，仍为随葬明器，用以祈祷冥福，使灵魂安宁升天，护佑子孙长命富贵。

18. 龙泉窑青瓷堆塑虎瓶 南宋

口径6.2厘米　底径7.7厘米　高30.7厘米

龙泉市博物馆藏　据目前的资料，是龙泉窑最早的虎瓶形制，老虎形态稚拙，釉呈湖绿色，虎瓶常与龙瓶成对出土，合称龙虎瓶。专用于随葬的器物。

19. 龙泉窑青瓷梅瓶　南宋
口径6.5厘米　底径7厘米　高23厘米

温州市博物馆藏　丽水市保定凤凰山南宋淳熙五年（1178年）何偶墓出土，圆筒形盖，盖顶刻画莲瓣纹，盖釉和器身的釉色差异较大，应该为分开烧制。

20. 龙泉窑青瓷弦纹梅瓶 南宋
　　口径6.5厘米　底径7.2厘米　高28厘米

　　松阳县博物馆藏　松阳县西屏镇水南横山村南宋庆元元年（1195年）墓出土。宋代称之为"经瓶"，是当时流行的一种贮酒器，许之衡撰《饮流斋说瓷》对梅瓶的解释为："口径之小仅与梅之瘦骨相称，故名梅瓶也。"该器口沿处有明显的二次上釉的痕迹，表明了龙泉窑制作工艺的逐步演进。

21. 龙泉窑青瓷梅瓶 南宋
　　口径4厘米　底径8厘米　通高30厘米

　　浙江省博物馆藏　1960年龙泉县宋墓出土。宋代流行的贮酒器，官窑和民窑均有烧制。一般有器盖。

22.龙泉窑青瓷云纹碗 南宋
口径16.4厘米 底径5.6厘米 高6.8厘米

浙江省博物馆藏 碗内壁由前期的刻画莲花纹，演变为更为疏朗的"S"纹样，间隔刻画云气纹，是阶段性流行的纹样。

23.龙泉窑青瓷葵口碗 南宋
口径12.7厘米 底径5.3厘米 高5.8厘米

新昌文物管理委员会藏 新昌南门轴承厂工地南宋绍兴己卯年（1159年）墓出土。葵口，内壁相应有白色出筋线，釉色青绿，釉质润泽，外底圈足内无釉露胎。

24. 龙泉窑五管龙瓶 南宋
口径8.2厘米 底径7.4厘米 通高24厘米

遂昌文物管理委员会藏 遂昌县妙高镇东梅村茶果山出土。器型为南宋中期五管瓶的形制，颈肩部堆塑一条蜷曲的游龙，龙身作上下腾飞状。五管瓶和龙瓶组合为一体，可见五管瓶和龙瓶都具有随葬性质。

25.龙泉窑青瓷盂形罐 南宋
口径6.7厘米 底径4.2厘米 高4.8厘米

丽水市博物馆藏 丽水市南宋嘉定壬午年（1222年）李垕妻姜氏墓出土。器身作盂形，小圆盖。与香炉相伴而出，可能为放置香粉的一种器具。

26.龙泉窑青瓷三足炉 南宋
口径7.2厘米 底径3.3厘米 高4.7厘米

丽水市博物馆藏 丽水市南宋嘉定壬午年（1222年）李垕妻姜氏墓出土。南宋时期，焚香之风盛行，小巧雅致的香炉，更适用于书斋闺房。

27. 龙泉窑青瓷象纽盖罐 南宋
口径7.1厘米　底径5.7厘米　高14.9厘米

丽水市博物馆藏　丽水市南宋嘉定壬午年（1222年）李垕妻姜氏墓出土。器盖的纽作大象站立状，生动形象，厚釉薄胎的特征，使粉青的釉色莹润如玉，与厚实的造型完美统一，表现了龙泉窑鼎盛时期的高超技艺。

28. 龙泉窑青瓷莲瓣碗　南宋
口径17.9厘米　底径4.3厘米　高7.2厘米

丽水市博物馆藏　丽水市三岩寺金桥头村南宋德祐元年（1275年）叶梦登妻潘氏墓出土。釉色青绿，趋于透明，莲瓣狭长，都是南宋末期龙泉窑的装饰特征。

29. 龙泉窑青瓷印花六角瓶　南宋
口径6.7厘米×5.2厘米
底径6厘米×4.9厘米　高13.6厘米

丽水市博物馆藏　丽水市三岩寺金桥头村南宋德祐元年（1275年）叶梦登妻潘氏墓出土。通体为六角形，颈两侧安置衔环双耳，颈腹部模印有如意纹，釉色青绿，色泽莹润，造型别致，制作工整。

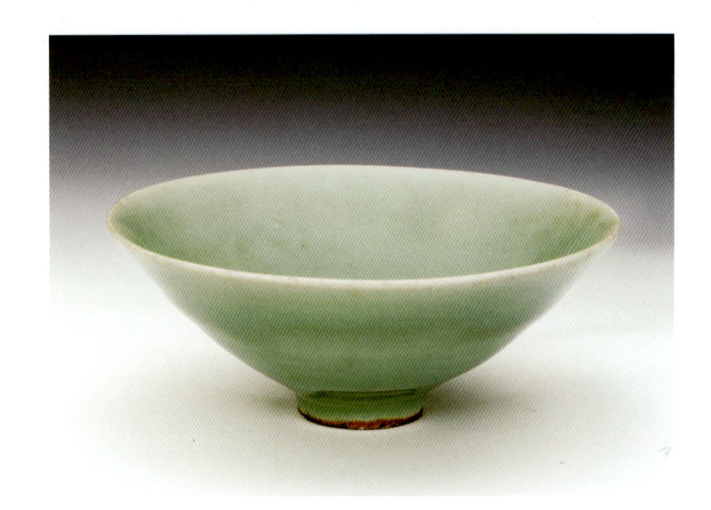

30.龙泉窑青瓷斗笠碗 南宋
口径14.7厘米 底径3.5厘米 高5.8厘米

浙江省博物馆藏 敞口，斜腹，小底，形同斗笠。宋代饮茶之风盛行，此类碗的形制，与当时的茶饮方式有关，全国的许多窑口均有烧制。

31.龙泉窑青瓷莲瓣钵 南宋
口径13.3厘米 底径4厘米 高6.5厘米

浙江省博物馆藏 1960年龙泉大窑窑址发掘出土。口沿内敛，斜腹小底，外底刻有莲瓣纹，釉色粉青，色泽纯正。碗的外壁莲瓣形状宽硕，南宋中期龙泉窑装饰于碗、盘类器物最常见的纹样。

32. 龙泉窑青瓷堆塑龙瓶 南宋
　　口径7.5厘米　底径8.4厘米　通高23厘米

　　浙江省博物馆藏　是南宋龙泉窑堆塑龙瓶的一种形制，与长颈类的堆塑龙虎瓶有所区别，釉色粉青，釉质肥润，表明南宋龙泉窑烧制的随葬明器都采用厚釉工艺。

33. 龙泉窑青瓷堆塑龙瓶　南宋
口径6.5厘米　底径6.6厘米　高22.6厘米

　　上海市博物馆藏　釉色纯净清亮，龙的形象堆塑得威猛生动，南宋末期的龙泉窑堆塑龙瓶，从制作、造型、釉色等方面，精美程度最具艺术性。

34. 龙泉窑青瓷堆塑龙瓶　南宋

口径8.6厘米　底径9.5厘米　高20.3厘米

浙江省博物馆藏　器形为南宋中期瓶类形制，肩部堆塑一条蜷曲的游龙，龙身作上下腾飞状，显得威武雄壮。器腹外壁莲瓣纹狭长，釉色碧绿，色泽纯润。整器原应有盖，盖顶塑鸡或狗纽，蕴含深意。

35. 龙泉窑青瓷五管瓶　南宋
口径7.7厘米　底径8厘米　高18.5厘米

　　浙江省博物馆藏　承接了北宋龙泉窑五管瓶器身分级的形制，采用了厚釉工艺的特征，减去附加堆塑的内容，反映了龙泉窑五管瓶的演变轨迹。

36.龙泉窑青瓷五管瓶 南宋
　　口径4.7厘米　底径7.1厘米　高12.2厘米

　　四川遂宁博物馆藏　四川遂宁窖藏出土。造型浑厚端庄，莲瓣饱满，中脊凸起，富立体感，恰如一朵盛开的莲花。一直被作为明器的五管瓶，到了南宋晚期已演化成陈设器了。

37.龙泉窑青瓷觯式瓶 南宋
　　口径6.5厘米　底径5.4厘米　高15.3厘米

　　德清县博物馆藏　德清县乾元山南宋咸淳四年（1268年）吴奥墓出土。小盘口，圈足底端无釉，呈朱红色。这种形制的瓶，最早出现在湖北省武汉市武昌卓刀泉宋嘉定六年（1213年）任晞靖墓。湖州市青山乡利民村宋墓出土有同一形制的鎏金团花觯式瓶。

38.龙泉窑青瓷贯耳瓶 南宋
口径11.5厘米 高30.5厘米

中国国家博物馆藏 贯耳瓶是南宋龙泉窑新出现的器物，它模仿三代青铜礼器的造型，另一种类型为细长颈形，模仿汉代青铜礼器的造型，四川遂宁窖藏有出土。

39.龙泉窑青瓷凤耳瓶 南宋

口径10.3厘米 底径10厘米 高26.5厘米

松阳县博物藏 南宋龙泉窑新创烧的器物造型，设计精巧，釉色纯正。龙泉窑成功创烧出冠绝一时的粉青与梅子青釉，相应的许多器物造型简洁典雅，完美地体现了釉的质感，是南宋龙泉窑的精品之作。

40.龙泉窑青瓷弦纹炉 南宋
　　口径9.1厘米　底径5.1厘米　高7.6厘米

　　浙江省博物馆藏　该炉釉色粉青，造型小巧精致，腹壁饰三道平行宽带纹，在粉青釉下形成深浅对比，增加了灵动的美感。为迎合当时的焚香之风，南宋龙泉窑烧制了大量的仿古类香炉。

41.龙泉窑青瓷鼎式炉 南宋
　　口径10.3厘米　高12.6厘米

　　浙江省博物馆藏　1954年瑞安隆山宋墓出土。口微侈，短颈，腹近球形，口沿有两对称竖耳，底具三郭足，内底有三小孔，造型仿青铜器，端庄而浑厚，通体青釉，精光内蕴，是同类器中的精品。

42.龙泉窑青瓷琮式瓶 南宋

口径7.8厘米 底径8厘米 高26.7厘米

浙江省博物馆藏 仿史前玉琮的造型。多次上釉，使器表颇具玉质感。器型端庄雅致。釉与器物完美地结合。

43. 龙泉窑青瓷洗 南宋
口径9.5厘米　底径4.7厘米　高2.8厘米

浙江省博物馆藏　洗是文房用品，案头洗笔之具。笔洗的设计简练雅致。配以釉色粉青，充分体现了宋人的审美情趣。

44. 龙泉窑青瓷渣斗 南宋
口径11.5厘米　底径5厘米　高8.5厘米

浙江省博物馆藏　器物的造型介于古代铜尊和越窑唾盂之间，称为"渣斗"，元人笔记云，"宋记大族设席，凡案间必用筋瓶、渣斗"，这说明此器的用途。

45.龙泉窑青瓷把杯 南宋
口径11.2厘米 底径6厘米 高4.7厘米

浙江省博物馆藏 直口，腹浅而弧，一端安有环状把手，上覆以如意形挡片，口沿和圈足沿无釉，南宋官窑也烧制有同类器物。

46.龙泉窑青瓷灯盏 南宋
口径6.4厘米 底径5厘米 高7.9厘米

浙江省博物馆藏 灯盏的设计巧妙，起省油的作用，许多窑口都有烧制。

47. 龙泉窑青瓷何仙姑像 南宋
  通高17.5厘米

　　浙江省博物馆藏　1960年龙泉大窑窑址发掘出土。该像坐于山石，左手执一荷枝，放在右肩，宽衣博袖，姿态悠然。何仙姑为中国民间传说中的八仙人物之一，此像采用龙泉窑的露胎技法制成，其头部、双手及山石底座均无釉露胎，呈现赭红色，与青釉形成了色彩对比，从而使人物栩栩如生。

48.龙泉窑青瓷韩湘子像 南宋
通高18.8厘米

浙江省博物馆藏　1960年龙泉大窑窑址发掘出土。八仙中的韩湘子像，用露胎技法烧制的人物像，面容祥和却又显得超凡脱俗，把人物神态表现得贴切自然。

49.龙泉窑青瓷汉钟离像 南宋
  通高18.4厘米

　　浙江省博物馆藏 1960年龙泉大窑窑址发掘出土。"八仙"之一的汉钟离像,用露胎技法烧制的人物像,表情丰富,刻画细腻。狡黠的表情惟妙惟肖,十分传神,釉色葱绿,色泽清亮,反映了南宋龙泉窑高超的瓷塑技艺。

50.龙泉窑青瓷黑胎盖碗 南宋
口径8.4厘米 底径5厘米 高6厘米

浙江省博物馆藏 从龙泉窑黑胎类产品看，大部分存在过烧的现象。由于釉完全熔融，从而使瓷器的玻化程度提高，光泽度增强，同时也增加了黝黑的色调。1986年杭州老和山浙江大学邵逸夫科学馆工地出土有相同形制的器物。

51.龙泉窑青瓷黑胎把杯 南宋
口径9.5厘米 底径5.1厘米 高4厘米

浙江省博物馆藏 造型与同时期的龙泉窑白胎类把杯和南宋官窑相同。有大小不同的规格。胎壁细薄，由于过烧，色调偏暗，形成"紫口铁足"，器物釉面片纹深入胎骨，釉层局部剥落，是与南宋官窑同类器的主要区别。

52. 龙泉窑青瓷黑胎唾盂 南宋
口径16.1厘米 高7.7厘米

浙江省博物馆藏 形状与唐代越窑的唾盂类同，薄胎厚釉，釉色青褐，釉质晶亮，开片，具有南宋龙泉窑黑胎类产品的典型特征，器底圈足部分有垫饼黏接。是南宋龙泉窑少见的器类。

53.龙泉窑青瓷黑胎菜形瓶 南宋
　　口径6.9厘米　底径6厘米　高13.6厘米

　　浙江省博物馆藏　南宋龙泉窑特有的一种器物造型，形同白菜。规格大小都均，四川遂宁窖藏同时出有南宋龙泉窑白胎和黑胎的相同器类。

54.龙泉窑青瓷净瓶 南宋
  高15.9厘米

　　浙江省博物馆藏　小口，长颈，在颈部出一圈凸沿，因器型形同"吉"字又称为大吉瓶，为一种佛前供器，该件三体相连，因烧制过程中，器物倾倒，釉层黏连后烧成一体，形成了奇特的造型。

55. 龙泉窑青瓷鼎式炉 元代
　　口径9.8厘米　底径3.4厘米　高9.9厘米

　　杭州市历史博物馆藏　杭州老东岳元大德六年(1302年)鲜于枢墓出土。鲜于枢是元代书法大家，墓葬出土的炉、瓶之器，也是宋人焚香的香具组合。

56. 龙泉窑青瓷荷叶碗　元代
口径11.3厘米　底径3.5厘米　高4.7厘米

浙江省博物馆藏　全器作舒展的莲叶，碗心蛰伏着一只小龟，釉色青绿，釉色与造型浑然一体，意趣盎然。

57. 龙泉窑青瓷贴花小杯　元代
口径8.9厘米

浙江省博物馆藏　贴花小杯与鬲炉黏接在一起，说明当时的烧制工艺，有些器物复合叠烧。

58. 龙泉窑青瓷蔗段洗　元代
口径10.3厘米　底径6.3厘米　高3.5厘米

浙江省博物馆藏　元代龙泉窑新出现的一种洗的形制，因其外形类同蔗段束捆之状，俗称为"蔗段洗"。又因形同木盆而称之为"木盆洗"，均以形似而命之。

59. 龙泉窑青瓷高足杯 元代
 口径9.5厘米 底径3.7厘米 高8.8厘米

  浙江省博物馆藏 元代龙泉窑新出现的器型，江西高安县窖藏曾出土一件元青花高足杯，内底草书"人生百年长在醉，算来人生三万六千场"，说明高足杯作饮酒之用。

60. 龙泉窑青瓷凤尾瓶 元代

口径20.2厘米 底径12.9厘米 高45厘米

韩国国立中央博物馆藏 1976新安沉船出水。元代龙泉窑的大宗产品之一，器型高大，常与香炉组合，成为庙宇佛前供奉的"三具足"之一。

61. 龙泉窑青瓷环耳瓶 元代

口径4.4厘米 底径5.8厘米 高15.5厘米

浙江省博物馆藏 元代龙泉窑双耳瓶类的形制非常多,有的延续南宋龙泉窑的器类,有的在规格的大小、双耳的题材上有所创新。

62. 龙泉窑青瓷兽耳牡丹纹瓶　元代
　　口径9.6厘米　底径8.6厘米　高26.5厘米

　　浙江省博物馆藏　缠枝牡丹纹是元代龙泉窑常见的纹饰，多以贴饰的技法表现在器腹和器盖上，与唐宋越窑刻画牡丹纹相比，元代龙泉窑贴饰牡丹更显雍容华贵。

63. 龙泉窑青瓷灵芝耳瓶 元代

口径5.5厘米 底径5.5厘米 高16.7厘米

浙江省博物馆藏 安置器耳为灵芝，形同如意，象征长寿，寓意吉祥，装饰设计巧妙。

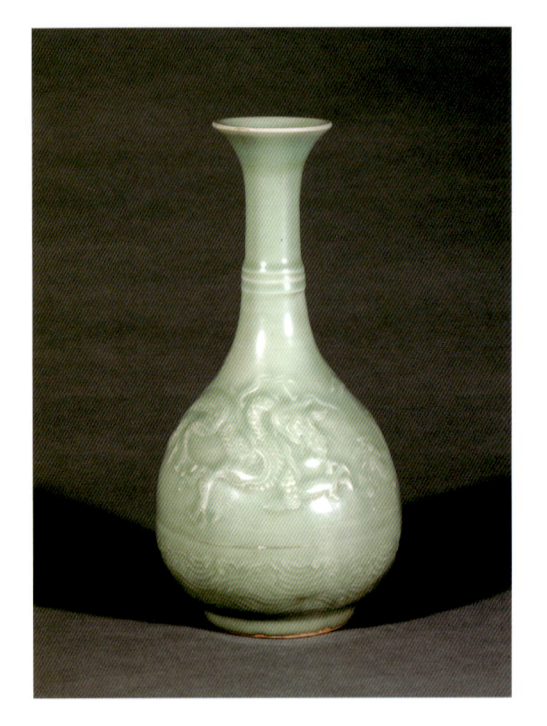

64. 龙泉窑青瓷云龙纹长颈瓶 元代
口径20.2厘米 底径12.9厘米 高45厘米

韩国国立中央博物馆藏 1976年新安沉船出水。长颈，上饰有三条凸弦纹，器腹贴塑有云龙纹，下刻画海水纹，纹样清晰，富有动感。

65. 龙泉窑青瓷云凤纹长颈瓶 元代
口径7厘米 底径9.3厘米 高29.7厘米

龙泉市博物馆藏 龙泉市道太乡龚村明正德戊寅年（1518年）墓出土。与龙纹长颈瓶造型相同，器腹模印双凤纹，一凤作回首，一凤奋飞，其间饰有如意状云纹，釉色青绿，制作精美。

66.龙泉窑青瓷净瓶　元代

瓶口径2.2厘米　底径4.2厘米　高20厘米

座口径9厘米　高8.2厘米

青田文物管理委员会藏　1984年鹤城镇窖藏出土。一种佛前供奉之器，元代龙泉窑烧制有大小不同的规格，新安海底沉船出水有高达50厘米左右。有的加有镂孔底座，是元代龙泉窑烧造的新形制。

67.龙泉窑青瓷觚　元代

口径13.4厘米　底径8厘米　高21.5厘米

浙江省博物馆藏　喇叭形侈口，细腹，中腰处凸围宽弦纹，下腹外撇，圈足，釉色青灰，釉质纯厚。元代龙泉窑的觚形器，形制稍有简化，器型大的多见。

68.龙泉窑青瓷牡丹纹奁式炉 元代

口径21厘米 底径8.5厘米 高14.9厘米

韩国国立中央博物馆藏 1976新安沉船出水。延续了南宋末期出现的此类器型并大量烧制,全器釉色透亮,贴花纹样清晰精美,常与大瓶组合,成为供佛的"三具足"之一。

69.龙泉窑青瓷乳丁纹三足炉 元代

口径20.1厘米 底径6厘米 高6.8厘米

韩国国立中央博物馆藏 1976年新安沉船出水。根据海外不同地区的需求,外销的产品有明显的差异性,当时大量不同形制的香炉销往日本,用于庙宇供奉。

70. 龙泉窑青瓷贴花鼎式炉　元代
口径15.3厘米　高5.4厘米

韩国国立中央博物馆藏　1976年新安沉船出水。元代龙泉窑烧制的炉，形式多样，大小规格不等，在仿烧青铜器造型的基础上，用不同的技法，加饰当时流行的纹样。

71. 龙泉窑青瓷龙凤纹罐　元代
口径8.2厘米　底径8.5厘米　高16.6厘米

浙江省博物馆藏　罐类是元代龙泉窑的常见器型，饰有龙凤纹样则不多见，该纹样线条娴熟流畅，釉色青绿透亮。

72. 龙泉窑青瓷落花流水纹盘 元代
口径33.5厘米 底径15.5厘米 高6.4厘米

浙江省博物馆藏 元代龙泉窑常见的大盘形制，唇沿贴塑八朵小梅花，内壁刻画海水波涛纹，寓"落花流水"之意，内底模印的菊花纹间刻有"大吉"二字。在同一器物上多种技法的应用，体现了元代龙泉窑的装饰特点。为满足海外市场的需求，龙泉窑烧制了大量不同形制的大盘，装饰题材丰富，工艺精湛。

73. 龙泉窑青瓷扁壶 明代
通高18.7厘米

浙江省博物馆藏 古人插花以青铜器为首选，瓷器次之。该瓶造型仿自商代青铜方壶，又结合了当时最为流行的方形花瓶和扁瓶的造型，瓶体精巧，案头陈设最为适宜。

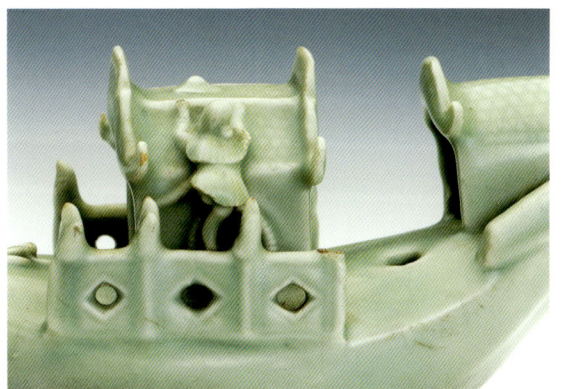

74. 龙泉窑青瓷舟形砚滴　元代
　　长16.2厘米　底宽6.5厘米　通高9.1厘米

　　浙江省博物馆藏　1973年龙泉上严儿窑址出土。砚滴是一种文房用具，形制多样，船形则仅见于龙泉青瓷，船舱体中空，前有一小孔，注水之用，釉色近粉青，光亮滋润，造型意境深远，与实用巧妙结合。

75.龙泉窑青瓷瓜形杯 元代
  口径8.1厘米 底径6.9厘米 高4.4厘米

浙江省博物馆藏 形同对半分切的熟瓜,一端贴塑有茎和叶,有瓜瓞绵绵之意。全器釉色青绿,造型构思奇巧,寓意深刻。

76.龙泉窑青瓷南瓜形壶 元代
  口径3厘米 底径6厘米 高6.5厘米

浙江省博物馆藏 器呈圆瓜形,一侧安流,一侧置把,通体青釉润泽,造型有趣。

77.龙泉窑青瓷葱头壶 元代
   口径2.5厘米　底径5.3厘米　高14.2厘米

　　韩国国立中央博物馆藏　1976年新安沉船出水。造型上仿烧青铜器，器腹模印四季花卉。器腹接合明显，为合模成型，与大部分元代龙泉窑器物的拉坯成型工艺有所区别。

78.龙泉窑青瓷人物塑像　元代
底径5.5厘米　高17.9厘米

　　韩国国立中央博物馆藏　1976年新安沉船出水。头梳偏髻，衣着交领右衽，手持书卷，与元代人物塑像面部多见露胎技法不同，为通体施釉，面容俊秀清雅，人物造型简洁流畅。

79.龙泉窑青瓷道士像 元代
通高31.6厘米

　　浙江省博物馆藏　1979年杭州乌龟山出土。道士慈眉善目，衣带飘逸，仙风道骨。元代道教盛行，是龙泉窑大量烧造道士像的原因。

80.龙泉窑青瓷双系小罐　元代
口径3.4厘米　底径4厘米　高10厘米

浙江省博物馆藏　肩对称置环形双耳，器腹饰海水云龙纹。内外施釉，釉层丰厚滋润，色泽青灰。龙纹是中国的传统纹样之一。元代多以模印、贴塑等手法来表现龙纹。

81.龙泉窑青瓷印花小罐　元代
口径4厘米　底径3.3厘米　高7.6厘米

浙江省博物馆藏　阳文印花流行于中小型器物上，花纹精美，除各式花卉纹外，还有杂宝纹和八吉祥纹等。

82. 龙泉窑青瓷鸟盏　元代
　　口径2.5厘米　底径2.2厘米　高3.3厘米

　　浙江省博物馆藏　形同莲花，模制成型。

83. 龙泉窑青瓷鸟盏　元代
　　口径1.5厘米　底径1.6厘米　高2.8厘米

　　浙江省博物馆藏　全器犹如盛开的莲花，模制成型。

84. 龙泉窑青瓷鸟盏　元代
　　口径1.5厘米　底径1.6厘米　高2.8厘米

　　浙江省博物馆藏　器作莲花盛开的状态，是集实用和装饰功能为一体的器皿。

85. 龙泉窑青瓷鸟盏　元代
　　口径2.5厘米　底径2.4厘米　高3.5厘米

　　浙江省博物馆藏　罐呈盂形，下腹部置一固定用的环把，器形隽秀典雅，肩部模印有"金玉满堂"吉祥款。

86. 龙泉窑青瓷鸟盏　元代
　　口径1.6厘米　底径1.6厘米　高2.8厘米

　　浙江省博物馆藏　呈含苞欲放的莲花形，外壁印层叠仰莲纹，罩以粉青釉，形成"出筋"现象，莲瓣尖釉薄处呈朱红色，更显明丽生动。

87. 龙泉窑青瓷大罐 元代
口径16.3厘米 底径15.6厘米 高41.6厘米

韩国国立中央博物馆藏 1976年新安海底沉船出水。大口、广肩，上刻有覆莲，中为连续缠枝花卉，下为水波纹，纹样层次分明，工整规范，与同时代青花造型和纹样相同。

88.龙泉窑青瓷镂刻莲纹瓶　元代
　　口径7.7厘米　底径4.6厘米　高18.8厘米

　　韩国国立中央博物馆藏　1976年新安沉船出水。运用镂孔技法，玲珑剔透，给人以巧夺天工之感，反映了当时龙泉窑窑工高超的制瓷技能。

89.龙泉窑青瓷点彩小碗　元代
　　口径7厘米　底径3.5厘米　高3.7厘米

　　浙江省博物馆藏　青釉中点缀了含铜的褐斑，形成晕散的装饰效果，青绿和红褐的色差对比，打破了青瓷单一色彩的审美局限，这种装饰技法流行于元代龙泉窑。

90.龙泉窑青瓷露胎荔枝盘　元代
　　口径15.6厘米　底径7厘米

　　浙江省博物馆藏　全器模仿成熟荔枝形态，龙泉窑工匠运用了二次氧化所形成的露胎技法，是盘心中贴饰荔枝纹，立体感强，色彩逼真。露台是元代龙泉窑最富装饰特点的一种技法，赭红色的露胎与青绿釉色相映成趣，全器构思巧妙，工艺精湛，匠心独运。

91.龙泉窑青瓷露胎点彩盘 元代
口径1.6厘米 底径1.6厘米 高2.8厘米

　　韩国国立中央博物馆藏　1976年新安沉船出水。元代龙泉窑装饰技法丰富多样，全器以露胎和点彩技法装饰于一体，富有层次，突破了单一色釉的装饰，大大丰富了陶瓷艺术。

92. 龙泉窑青瓷缠枝花卉大碗　明代

口径31厘米　底径12.8厘米　高15.7厘米

浙江省博物馆藏　据文献记载，明初龙泉窑烧制的御用瓷与景德镇窑一样，由皇室统一制样。这从考古发掘中也得到了印证。由于釉色和技法的不同，两者器型和纹饰题材相同，具有异曲同工之妙。

93.龙泉窑青瓷大盘　明代
口径33.5厘米　底径18.5厘米　高6.8厘米

浙江省博物馆藏　明代龙泉烧制的大盘，延续了元代的制作工艺，因宫廷所需，规格更大，器内的纹样，布满全器，充分体现了奢华、富丽、工整的宫廷意趣。

94.龙泉窑青瓷大盘　明代
口径68.7厘米

浙江省博物馆藏　1959年故宫博物院调拨。整器光素无纹，釉色浓厚青翠，温润如玉，全器形制硕大，规范工整，釉层均匀，尽显宫廷气象。

95. 龙泉窑青瓷刻花玉壶春瓶　明代
口径9.5厘米　底径11.5厘米　高34.5厘米

　　北京故宫博物院藏　元代龙泉窑玉壶春瓶大多光素无纹，明初宫廷统一定制，使龙泉窑这一时期玉壶春瓶的造型和纹样，与景德镇的釉里红和青花相同。

96.龙泉窑青瓷梅瓶　明代

　　北京故宫博物馆院院藏　梅瓶是龙泉窑景德镇奉命为宫廷烧制的主要器类。造型上延续元青花梅瓶的形制，纹饰图案由宫廷定样。

97.龙泉窑青瓷执壶　明代
　　口径8.3厘米　底径11.1厘米　高29.9厘米

　　浙江省博物馆藏　1959年北京故宫博物院调拨。造型规整，制作精良，器形与景德镇明初官窑器相类似，应是龙泉窑专为宫廷烧造的御用器，也是明初龙泉窑的代表产品。

98.龙泉窑青瓷带盖壶　明代

口径4.4厘米　底径8.3厘米　高24.7厘米

北京故宫博物院藏　形同倒挂的梨，又称为"梨壶"，龙泉窑的梨壶，制作规整，线条流畅，釉色葱绿，色调纯净。明洪武年间创烧，宫廷制样，景德镇也有烧制。

99. 龙泉窑青瓷八角杯　明代
　　通高12.8厘米

　　浙江省博物馆藏　1959年故宫博物院调拨。器身作八角形，内外加饰刻画花纹，繁缛富丽。制作精美，是较少见的明初宫廷监烧的器类。

100.龙泉窑青瓷缠枝花卉罐　明代
　　口径23.7厘米　底径18厘米　高24.8厘米

　　浙江省博物馆藏　口微侈，无颈，鼓腹，足底外撇，造型浑然古朴。口下饰一圈小花瓣纹，外壁中腹饰缠枝牡丹纹，胫部铺饰莲瓣纹，布局得体，线条流畅，给人雍容华贵之美感。青釉釉质纯净温润，胎体厚重。

101.龙泉窑青瓷贴花缠枝莲纹盖罐　明代
口径12.9厘米　底径10.8厘米　高29厘米

　　北京故宫博物院藏　罐呈灯笼式，直口，圆唇，短颈，筒腹，折底，圈足。口足相若，俗称"壮罐"。此盖罐器型新颖，纹饰清晰，其造型与江西景德镇明代初的产品相同，是明代龙泉窑的青瓷珍品。

102. 龙泉窑青瓷鬲式炉　明代

口径15.5厘米　高14厘米

浙江省博物馆藏　鬲式炉南宋龙泉窑已大量烧制，明代鬲式炉的造型变化较大，器型饱满，釉色青绿，釉质厚泽。

103.龙泉窑青瓷石林盘　明代

口径26.5厘米　底径11.5厘米　高3.5厘米

浙江省博物馆藏　内底面印钱纹锦地和"石林"二字，其中"石林"二字，根据2006年浙江文物考古研究所发掘的龙泉大窑枫洞岩窑址明中期堆积出土的同类器，可知是明中期出现的文字。

104. 龙泉窑青瓷锦地纹瓶　明代

　　口径23.3厘米　底径13厘米　高56厘米

　　浙江省博物馆藏　大型瓷器始烧于元代龙泉窑，高度通常在50厘米以上。此器通体刻锦地，腹部开光刻折枝牡丹纹，纹饰繁而不乱，釉层青亮透明。明文震亨《长物志》中有"瓶花，堂供必高瓶大枝，方快人意"之语。

105. 龙泉窑青瓷爵　明代
高10.5厘米

　　浙江省博物馆藏　敞口，一侧有流，一侧为尖端器尾，口沿居中对称置有小乳钉，圆底，下承三锥状足，外壁近口沿饰有回纹一周，釉色碧绿，色泽光亮。造型仿自商周青铜爵，是明代龙泉窑新烧造的一种器物类型，明初景德镇窑也烧造相类似的器型。

106.龙泉窑青瓷觚　明代
口径16.4厘米　底径7.7厘米　高27厘米

浙江省博物馆藏　模仿青铜器的造型，在器腹刻画花纹，是这一时代的装饰特点。

107.龙泉窑青瓷贯耳觚　明代
  口径12.8厘米　底径8厘米　高24.3厘米

  浙江省博物馆藏　在传统觚的造型上加以改制，安置对称长贯耳，十分别致。

108.龙泉窑青瓷琮式瓶　明代
口径2.2厘米　底径5厘米　高14.5厘米

　　龙泉博物馆藏　龙泉市道太乡龚村明正德戊寅年（1518年）墓出土。上部为玉琮式，下为方形须弥座，上饰有变体如意云纹，是对古代礼器造型上的一种再创造。

109.龙泉窑青瓷砚屏　明代
宽14.8厘米　高21厘米

浙江省博物馆藏　是一种陈设与书斋案头文房用具，明代中期以后龙泉窑烧制的新器类，形制上模仿其他材质的砚屏，装饰题材丰富多样。

110.龙泉窑青瓷镂孔坐墩　明代
口径27厘米　底径20厘米　高41厘米

北京故宫博物院藏　坐墩是一种古代坐具，又名"绣墩"，因它上面多覆盖一方丝织物而得名，明龙泉窑镂孔坐墩是模仿藤墩烧制的。

111.龙泉窑青瓷贴花鼎式炉　明代
口径7厘米　底径9.3厘米　高9.2厘米

　　龙泉博物馆藏　龙泉市道太乡龚村明正德戊寅年（1518年）墓出土。1976年新安海底沉船出水有相类似的器物（见图69），通过比较可以看出明代龙泉窑同样器类的区别，器型比例变化，釉色青黄，贴花纹样粗率。

112.龙泉窑青瓷"晨昏一炷"铭文炉　明代
残高10厘米

　　浙江省博物馆藏　长方形，四足，冲冠耳。合模成型，胎薄体轻。颈部两侧印"晨昏一炷"字样，腹部印鹿衔灵芝纹，寓意快乐长寿。

113.龙泉窑青瓷灯盏 明代
  口径10.3厘米 底径7.2厘米 高11.3厘米

　　浙江省博物馆藏　镂雕是明代龙泉窑常用的装饰技法，多出现在灯盏、香筒、鼓凳等器类上，形成了龙泉窑特有的时代风格。

114. 龙泉窑青瓷缠枝菊纹瓶　明代
口径4.2厘米　底径8.2厘米　高25.5厘米

浙江省博物馆藏　葱头长颈，丰肩下腹内收，圈足，合模成型，颈部贴双龙盘柱，器腹模印缠枝菊纹，造型奇特，纹样布局层次繁多，反映了明中期龙泉窑的装饰风格。

115. 龙泉窑青瓷吕洞宾人物像　明代
通高26.6厘米

浙江省博物馆藏　明代中期以后，多见人物塑像的烧制，除道释人物像外，还出现了许多历史人物，面部继续沿用露骨技法，表情生动自然。

116.龙泉窑青瓷刻花炉　清代
口径33.5厘米　高15厘米

浙江省博物馆藏　清初龙泉窑多烧制刻花炉，器型较大，腹部刻画折枝牡丹纹，随意而草率。敬神供佛之用。

117.龙泉窑青瓷刻花大瓶　清代
　　口径12厘米　底径8.5厘米　高30厘米

　　浙江省博物馆藏　清代初期的典型器型。颈腹部刻画折枝牡丹纹，纹饰草率，青釉薄而透明。制作、纹饰均显粗糙，说明此时龙泉窑已近衰落。

118.龙泉窑青瓷刻花瓶　清代
　　口径10厘米　底径8.3厘米　高23.4厘米

　　浙江省博物馆藏　清代龙泉窑产量陡减，产品质量明显下降，胎体厚重，制作不甚规整，釉层薄而呈青灰色。1984年在龙泉征集有相同类型的器物，颈自右至左刻有"孙坑村弟子　恩范贞耀叩首百　"。据考古调查，龙泉孙坑窑清仍有烧造。

119.龙泉窑青瓷刻花长颈瓶　清代
口径5.3厘米　底径5厘米　高27.2厘米

浙江省博物馆藏　造型近似胆瓶，腹部刻画牡丹纹，内填以篦纹，釉色青黄，釉层稀薄。

120.龙泉窑青瓷刻花长颈瓶　清代
口径6.7厘米　底径7.5厘米　高24厘米

浙江省博物馆藏　花纹粗放、草率，表明这种装饰艺术到清代已是强弩之末。

图书在版编目（CIP）数据

中国古代名窑. 龙泉窑 / 任世龙，汤苏婴著. -- 南昌：江西美术出版社，2016.5（2023.2重印）
ISBN 978-7-5480-4269-3

Ⅰ. ①中… Ⅱ. ①任… ②汤… Ⅲ. ①龙泉窑-瓷窑遗址-介绍 Ⅳ. ①K878.5

中国版本图书馆CIP数据核字(2016)第069397号

本书由江西美术出版社出版，未经出版者书面许可，不得以任何方式抄袭、复制或节录本书的任何部分
本书法律顾问：江西豫章律师事务所　晏辉律师

总 策 划：	陈　政
主　　编：	耿宝昌　涂　华
副 主 编：	王莉英
编　　委：	（以姓氏笔画为序）

王建中　王莉英　王健华　叶文程　朱金宇　任世龙　刘　杨　刘　浩
汤苏婴　孙新民　杜正贤　李一平　余家栋　张文江　张志忠　张浦生
陈　政　林忠淦　周少华　赵文斌　赵青云　耿宝昌　郭木森　涂　华
彭适凡　彭　涛　谢纯龙　赖金明　霍　华　穆　青

责任编辑	周建森　窦明月　陈　波
助理编辑	林　通
责任印制	吴文龙　张维波
书籍设计	梅家强　先锋设计
电脑制作	江西华奥印务有限责任公司

中国古代名窑系列丛书
ZHONGGUO GUDAI MINGYAO XILIE CONGSHU

龙泉窑
LONGQUANYAO

著者：任世龙　汤苏婴
出版：江西美术出版社
社址：南昌市子安路66号
邮编：330025
电话：0791-86565819
网址：www.jxfinearts.com
发行：全国新华书店
印刷：浙江海虹彩色印务有限公司
版次：2016年5月第1版
印次：2023年2月第3次印刷
开本：965×1270　1/16
印张：11.75
ISBN 978-7-5480-4269-3
定价：120.00元

版权所有，侵权必究